Der atmende Mensch

Lösungs- und Atemtherapie
in Ruhe und Bewegung,

Gesundheit und Erkrankung,
im Handeln und im Meditieren.

Alice Schaarschuch

4. Auflage
TURM VERLAG BIETIGHEIM (WÜRTT.)

ISBN 37 999 0185X

Inhalt

Zur 4. Auflage

Weil die drei ersten Auflagen der »Lösungs- und Atemtherapie bei Schlafstörungen« guten Anklang fanden, will der Verleger die 4. Auflage des Büchleins in erweiterter Form herausbringen. Ich bearbeitete und erweiterte die Artikel und ging mehr als bisher auf Yoga und Meditation ein, wonach heute so viele unsichere, aus ihrem Gleichgewicht geworfene Menschen so dringend fragen.

Da sich die Lösungs- und Atemtherapie nicht nur als Behandlungs- und Übungsweise bewährte, sondern auch als ein täglich zu gehender praktischer Weg, der jedem daran Interessierten eigenschöpferisch zur Verfügung steht, so entlasse ich das Buch als »Der atmende Mensch«, in der Gewißheit, daß es auch weiterhin Anregung und Hilfe denen bringt, die das Bewußtwerden ihres tiefsten Selbst und das ihrer Mitmenschen zu erlangen suchen. Es ist ein in Ursprung und Auswirkung meditativer Weg, der uns Geist und Leib als Einheit erleben läßt, und wir danken Dem, der unser aller Leben selber ist.

Flensburg, Herbst 1978 Alice Schaarschuch

Einführung

Von vielen Seiten, auch völlig unbekannten, wurde ich immer wieder gebeten, meine bisher erschienenen Artikel über Lösungs- und Atemtherapie als Broschüre herauszugeben. So nehme ich aus einer Reihe von Arbeiten einige heraus, die, einander ergänzend, bestimmte Grund- und Richtlinien aus der Gesamtarbeit vermitteln.

Jeder Artikel ist in sich geschlossen und nicht gut zu kürzen. Es ergeben sich gelegentliche Wiederholungen, die dem Leser gewiß nützlich erscheinen werden, weil diese Arbeitsweise relativ unbekannt ist.

Der Atem ist lebendig wie das Leben selbst. Er verträgt keine starren Übungsformen und sollte praktisch nur von Mensch zu Mensch, aus dem Individuum und seiner Stunde geboren, erfahren werden. Wenn ich es trotzdem wage, einige Übungsmöglichkeiten in diesem Buch zu beschreiben, so tue ich das in der Hoffnung und mit dem Wunsche, daß sie im rechten Sinn ausprobiert und verwertet werden.

Denn nur im Maß der Intensität und Tiefe unserer Empfindungs-, Beobachtungs- und Erlebnisfähigkeit in Hingabe und Tat erfassen wir die natürlichen und geistigen Grundbedingungen im uns allen gemeinsamen Atemleben. Und nur so ist es möglich, auch auf diesem Wege uns dem einen Ziele zu nähern: dem Menschen in seiner Ganzheit, der – trotz und dank der Vielförmigkeit persönlicher Anlagen – aus seiner innewohnenden Einheit zu leben trachtet und mit den anders gearteten Mitmenschen im großen Ganzen fruchtbar zu wirken sucht.

Westerwald, Februar 1962 Alice Schaarschuch

Befreiter Naturatem

In ihrer tiefen Natur- und Gottverbundenheit und mit ernster Verantwortung für die heilenden und die gefährdenden Atemkräfte schrieben die Weisen und Priesterärzte vergangener Kulturen die Lehren vom Atem den Geheimlehren zu. Sie durften nicht anders als von Mensch zu Mensch weitergegeben werden und wurden jeweils denen erschlossen, die eine gewisse Stufe der Wesens- und Bewußtseinsentfaltung erreicht hatten. Das Erleben des Atems war Voraussetzung für jede weitere Entwicklung, Ausreifung und Kräftesteigerung im Menschen.

Und heute? Es ist wohl nie soviel nach dem Atem gefragt worden wie in dieser katastrophenreichen Zeit von den »nach Atem ringenden« Menschen.

Auch weniger gute Selbstbeobachter werden sich der Unruhe, Enge und Bedrängnis ihres Atems im Betriebskrampf dieser Zeit zwangsläufig bewußt. In allen Kreisen und Lebensaltern finden wir die Herz-, Kreislauf- und Atemnöte, die früher den Managern vorbehalten schienen, neben den anderen enorm sich häufenden Erkrankungen. Mehr als irgendeines der vergangenen turbulenten Jahrzehnte fordert das gegenwärtige den frei atmenden Menschen.

Wenn viele auch nicht recht glauben, daß der Atem wirklich eine befreiende Rolle in ihrem Dasein spielen könnte, so lesen sie doch mit Interesse Zeitungsartikel über dieses Thema, üben nach bebilderten Vorschriften und nach täglichen Rundfunkbefehlen. Sie kaufen sich mehr oder minder gute Atemliteratur, suchen Yoga- und Atemgymnastiklehrer auf.

Es scheint die Atemlehre keine geheime Sache mehr zu

sein, sie liegt gleichsam offen auf der Straße. Wie aber kommt es, daß so viele doch nicht finden, was offen dargeboten scheint? Sie merken es selbst, daß sie »nicht weiterkommen«; daß sie im praktischen Alltag keinen Nutzen davon haben; daß sie keine Atem- und Daseinsfreude gewinnen, außer vielleicht einer selbstsuggerierten – machen sie doch mehrmals täglich ihre »Tiefatemübungen«.

Ist es nicht so, daß fast alle mit starrem Blick die Augen aufreißen, den Rücken versteifen, Brustkorb hochdrängen, Leib einziehen, Hals und Schultern verkrampfen, also einen verpreßten Angstatem sich anschaffen, wenn sie einmal »tiefer« atmen wollen als gewöhnlich? Wenn auch nicht immer ganz so grotesk und offensichtlich, ist doch der übliche paradoxe, der Preß- und Angstatem das Kennzeichen des heutigen Menschen!

Kommt solch ein Krampfatem irgendwo anders vor in der Natur, bei auch nur einem der atmenden Geschöpfe, so wie beim Menschen, diesem merkwürdigen Exemplar in Gottes großer Welt, das seinen Verstand und Eigenwillen benutzt, um ausgesprochen unorganische Experimente zu machen? Und das ebenso an seinem eigenen Körper wie in der ihn umgebenden Natur. Ein jeder weiß und sieht, welche Katastrophen und selbstgeschaffenen Abgründe auf diese Weise entstanden und noch zu erwarten sind.

Von Gottfried Seume, Reiseschriftsteller aus dem 19. Jahrhundert, gibt es ein bekanntes Wort: »Es würde alles besser gehen, wenn die Leute mehr gingen«. Aber nach meinen Erfahrungen und Beobachtungen wage ich vielmehr zu sagen: Es würde alles besser gehen, wenn die Leute besser atmeten. Das heißt, wenn sie wieder »zu Atem kämen«, und das heißt wiederum: wenn der Mensch zu Ruhe und innerer Ordnung fände, angstlos aus seiner eigenen Mitte, aus seinem eigentlichen, wahrhaftigen Wesen wieder zu leben lernte.

Zu Atem kommen, ja – aber Mitte und Gleichgewicht, zu sich selber und zum anderen finden, können wir solch weitreichendes Ergebnis wirklich von einer Umstimmung und Befreiung des Atems erwarten? Vom Atem allein? Nun, wir wissen, es gibt so vielerlei Schicksals-, Überzeugungs- und Lebenswege, wie es verschieden geartete Menschen gibt. Aber man wird zugeben müssen, daß keine der verschiedenen Erlebensmöglichkeiten ohne den Atem zu denken ist.

Es ist so, daß der Atem eine ganz eigene Rolle in unserem Dasein spielt. Er reagiert sowohl auf bewußte wie auf unbewußte Vorgänge im Menschen, und in unvermeidlicher Wechselwirkung ist der Atemkrampf gekoppelt an die gewohnte, gerissene, harte oder auch schlaffe Bewegungs- und Verhaltensweise in den tausend Varianten des täglichen Lebens. Fehl-Erziehung, übersteigerte materielle Interessen, das Wettrennen nach Besitz, Macht und Geld brachten die paradoxe Lebens- und Anschauungsweise immer offensichtlicher zum Ausdruck. Dazu kommen die in ihrer Wirkung nicht zu unterschätzenden wechselnden Sitten und die Kleidungsmodelaunen. Alle diese Einflüsse lassen sich an der menschlichen Gestalt ablesen – man vergleiche sie z. B. mit der griechisch-klassischen. – Auch beobachte man an sich selbst und an den anderen die Bewegungsart, Mimik, das Sprechen und das Atmen.

Ein jeder kann sich leicht bewußt werden, daß sein Atem psychosomatisch, also ebenso körperlich wie seelisch-geistig reagiert und sich auswirkt. Veränderungen im Körperzustand und Schwankungen der Stimmungen sind wie von einem Barometer an der Art und Weise der Atmung abzulesen. Man denke z. B. an Wiedergaben verschiedener Pneumogramme. – Weniger klar wird man sich möglicherweise darüber, daß der Atem sogar wie der feinste Seismograph das fernste Beben unseres Gemüts, ja die leiseste Bewegung unserer Gedanken und Vorstellungen registriert. Dessen können wir uns bewußt werden, wenn wir uns und unseren Atem tiefer und klarer kennenlernen.

Chemische Veränderungen sind an diese atmenden Schwingungen und Schwankungen gebunden. Professor Gates (Washington) experimentierte mit einer stark abgekühlten Glasröhre, in der sich der Atem augenblicklich niederschlägt. Er beobachtete, daß jede seelische Erregung einen anders gefärbten Niederschlag der Atemluft erzeugt. Der Aushauch eines Traurigen z. B. färbte die Glaswände grau, der eines Menschen mit schlechtem Gewissen rötlich, der eines Hassenden braun.

Wenn in solcher Weise der Atem Reaktionen auslöst und, wie wir sahen, gleichsam als Bindeglied und Mittler zwischen körperlicher und innerlicher Verfassung fungierte, sollte er da nicht umgekehrt – da er anderseits auch bewußt beeinflußbar ist – uns dienen können? Wir müssen es verstehen, ihn aus seiner unbewußten Labilität zu befreien, so daß er Mittler zu einer Arbeit an uns selber wird, damit er uns zu glücklicher Umgewöhnung und Weiterentfaltung helfen kann.

Bei uns Abendländern ist die Atemlehre noch eine ganz junge Wissenschaft. Vogelfrei ist sie: Unkontrollierte Bruchstücke werden veröffentlicht. Bruchstückhaft wird sie unterrichtet, voll gegensätzlicher Auffassungen und einander widersprechender Übungsformen, und viele ihrer Versuche sind voller Irrtümer und Gefahren. Die organisch schwer gestörten, aus ihrem Gleichgewicht geratenen, überzivilisierten Menschen unserer Zeit muten dem Organismus Atemübungen zu, die ihre Fehlspannungen noch steigern und sie nervöser und kränker machen müssen, als sie vorher schon waren.

Denn eben jene Fehlspannungen – Verkrampfungen und

Erschlaffungen der Körpergewebe – sind es, die auch den natürlichen Ablauf unserer Atmung blockieren. Eine innere Fehlentwicklung ließ verstandesmäßig geleitete Willenskraft vom vegetativen Zell- und Empfindungsleben sich abspalten. Die organische Einheit und Ordnung – und selbst das Empfinden dafür – ging dem von Natur und Gott abtrünnigen Menschen verloren. Die in uns vorgebildete, organische Einheit mit ihrem freien Durchströmt- und Durchatmetsein der Gewebe wieder herzustellen, ist unser aller bewußter oder unbewußter Wunsch, und es ist das Anliegen einer guten heilpädagogischen Arbeit mit dem atmenden Menschen.

Auf Atemübungen aber, äußerlich korrigierend an ihn herangebracht, in Bewegung und Länge vorgeschrieben, lediglich willensmäßig, unfühlsam und urteilslos nachgeahmt, kann der fehlgespannte Mensch nur mit noch komplizierteren Verspannungen reagieren. Er bleibt nicht nur Fehlatmer, er wird zum Kunstatmer! Ein verkünstelter Atem dient aber dem praktischen Leben nicht. Im Gegenteil: Ich denke z. B. an einen Atemvirtuosen, der seine Atembewegung willkürlich in Wellen von unten nach oben führte, lange Zählpausen hielt und allerlei sonstige Atem- und Sprechkunststücke beherrschte. Er bekam einen schwer roten Kopf, wenn er sich bückte: das Zeichen falscher Atmung bei der Bewegung und dadurch ausgelöster Kreislaufstauung. Der Mann war reizbar und jähzornig, und sein Zwerchfellkrampf zeigte sich in verpreßtem Sprechen, in Hast und gerissener Eckigkeit bei unbeachteter Bewegung, während bewußt kontrolliert das Gebaren sich in theatralisch würdevoller Ruhe vollzog. Was nützte alle Atemkunst, die er mit sogenannten »Yogaübungen« – auf europäische Weise als Turnkunststücke ausgeführt – verband? Und wird nicht der sorgfältig erhaltene Atemkrampf, wie das auch bei diesem Mann geschah, nur zu oft außerordentlich geschickt kaschiert? Gelassenheit und

Überlegenheit gemimt und damit eine verlogene Haltung anerzogen? Nein, zu wahrhafter Atemfreiheit und wohltuender Weiträumigkeit der Atembewegung, die wir in unserem täglichen Leben zur Verfügung haben sollten, kommen wir nie durch die uns überfremdende Atem-»Übung«.

Was dagegen zuallererst nottut, als Grundlage für jegliche Weiterarbeit mit dem Atem, ist das Wiederfinden unserer schlichten und echten Natur-Atmung.

Normale, unverkrampfte Naturatmung aber verlangt bei einem weit und groß arbeitenden Zwerchfell die frei und allseitig reagierende Muskelhülle aller Atemräume, und zwar von unten bis oben und vollkommen rundum! Die atembewegte Muskel- und Hauthülle besteht ja nicht nur, wie gewöhnlich angenommen wird, aus Brustkorb und bestenfalls Bauch. Sie reicht – reflektorisch mit der Atmung untrennbar verbunden – auch nicht nur bis ins Kreuz- und Kopfgebiet, sondern durch Kreisläufe und andere funktionelle Auswirkungen deutlich erfahr- und spürbar – bis in unsere reagierbereiten Glieder.

Es geht also in der Atemtherapie nicht nur um eine Arbeit in den speziellen, begrenzten Lungen- und Luftaustauschbereichen, sondern um eine Arbeit am ganzen Körper, ja am gesamten Menschen.

Wenn gelehrt wird »wir müssen atmen lernen«, so muß ich dazu sagen, daß es zunächst notwendig ist, des unwillkürlichen Atmens uns bewußt werden zu lassen.

Kennenzulernen ist unser fehlgeleiteter Atem, bewußt zu machen die abnormen Spannungsverhältnisse, die in Kettenreaktionen auch von scheinbar atemfern gelegenen Gebieten sich auf die Atemfunktionen übertragen. Zu beobachten ist die paradoxe Bewegungsweise mit ihren unwillkürlich und unbewußt zur Gewohnheit gewordenen Fehlspannungen: Über- oder Untertonisierungen, die meist als Dauerzustände festgehalten werden; die angewöhnte Spannungsweise zu falscher Zeit, am falschen Ort, das heißt, im jeweils nicht zu spannenden, also im »ver«spannten Körpergebiet. Ging nicht die natürliche Tonusreaktion mitsamt ihren normalen, unwillkürlichen Regulierungen den meisten Kindern schon in der Schulzeit verloren? Ein deutliches Beispiel sind verkrampfte Schultern bei erschlafftem Bauch!

Es bleibt nichts anderes übrig, wir müssen anstelle der verderblichen, die Lebenskraft mindernden Angewohnheiten die organischen Bewegungsweisen uns angewöhnen. Und das geht am besten auf der Grundlage des von Fehlspannungen freien Atems.

Ist er doch unser untrügliches Feininstrument, das Druck-, Spannungs-, Zustandsänderungen unmittelbar registriert und über dessen Kontrolle und Umstimmung wir andere Verhältnisse im gesamten Organismus herstellen können.

Bald entdecken wir z. B. den Zusammenhang der Raum einengenden Fehlspannungen im Becken mit denen im Schultergürtel. Grundlegend für die Lösung einer Fehlatmung ist besonders die Erkenntnis der gewohnheitsmäßig verkrampften Schließmuskulatur im Beckenboden mit ihrer Korrespondenz zum Verhalten im Gesicht und im Mundraum (Schlund, Zunge u. a. m.).

Die oftmals jahre- und jahrzehntelang bestehenden groben Dauerverkrampfungen dieser Gebiete nehmen die Schüler häufig in unseren Lehrgängen und Behandlungen erstmalig wahr. Jetzt werden sie sich der fehlleitenden in Kettenreaktion sich vollziehenden Wirkungen auf ihr Atmen, Sprechen und Bewegen bewußt. Sie beobachten und begreifen den stauenden Einfluß auf den Kreislauf (kalte Füße, Krampfadern z. B.), auf Verdauungs-, Herz- und Kopfzustand und anderes mehr. Sie erfahren die Möglichkeit einer befreienden, normal reagierenden, »Basis«-Atmung im gesamten Raum unterhalb des Zwerchfells. Unmittelbar damit verbunden ist die geschmeidige Bewegung der Gewebehülle dieses Raumes besonders im Lenden- und Kreuzgebiet. Soweit dessen Organe gesund und nicht schmerzhaft sind, empfinden wir diese Basis lediglich als weiten »leeren« Atemraum und als Fundament für unsere Atembewegungen. In lebenskräftiger Atemfunktion erfahren wir die Polarität zwischen dem Raum der Basis und dem Raum im Haupt, hier zunächst im Mund-, Schlund- und Nasen-Rachenraum der »Basis im Haupt«. Wir sehen nun, daß auch die Verspannungen im Gesicht zu lösen sind.

In feinfühliger Behandlung und Übung müssen auch die Rippengebiete geschmeidig und beweglich werden, ohne daß der Mensch seinen paradoxen Hochatem wiederbekommt.

Die vielerlei Zusammenhänge, auch die im versteckten, krampfhaften Verhalten, müssen natürlich von einem jeden selber wahrgenommen und beurteilt werden. Der Atempädagoge brächte den Schüler und Patienten um das Resultat seiner Arbeit, wenn er suggestiv vorginge. Er darf nur Weg-Geleiter sein. Wir geben dem Schüler Gelegenheit zum Selbstwahrnehmen, Kontrollieren, Vergleichen und Beurteilen. Allerlei Hilfsmaßnahmen werden angewendet, z. B. Hängegriffe besonderer Art, auch an scheinbar atemfern gelegenen Gebieten, z. B. an den Beinen und am Nacken usw.; Dehnungen und Dehnlagerungen werden vorgenommen und Ausgleichsarbeit am Körperbau und an Haltungsgewohnheiten. Es werden auch viel Übungssituationen verwendet, die wir dem täglichen Leben entnehmen.

Um zu solchen Beobachtungen die notwendige Wahrnehmungs- und Spürfähigkeit aufzubringen, muß dem Schüler zu innerer Aufgeschlossenheit in Ruhe und Entspannung verholfen werden. Hierbei setzen bereits die ersten Wahrnehmungen und Selbstkontrollen ein, und oftmals befreit sich unwillkürlich der Atem dabei schon mehr oder minder intensiv. Es reagiert unser Atem auf eine unwillkürliche und natürliche Weise erst dann, wenn »Entspannung« nicht rein peripherisch, d. h. als Erschlaffung der willentlich zu beeinflussenden Muskeln erfahren wird, sondern wenn schon ein Lösungszustand einzutreten beginnt, der auch die vegetativen Regionen und damit die unwillkürlich reagierende Atmung erfaßt.

Mit ausgezeichneter Wirkung auf den gesamten Menschen wird das Vegetativum zugleich beruhigt und belebt durch das oben angedeutete Bewußtwerden und Vergleichen, das späterhin sich immer mehr verfeinert zu einem Erfühlen und Einleben der als atmende und durchströmte Regionen erlebten Räume und Körpergebiete.

Wir arbeiten an der Tonisierung also nicht nur mit ausgiebigem Dehnen und Bewegen, sondern mit dem Empfinden und Bewußtwerden der Räume und der Gewebe.

Da wir von den Organen, der »Inneneinrichtung« unserer Körperräume, normalerweise nichts merken, erfahren wir innerhalb der spürbaren, elastisch bewegten »Hülle« die »Räume« lediglich als leere, freie Atem-Räume. Die wohltuende Leichtigkeit und Weite, auch bisher noch nie erspürter Regionen im besser gelösten Zustand, gehört zu den ersten überraschenden und beglückenden Erlebnissen, die der Schüler als Grundlage und Gesetz für das tägliche Leben zu schätzen und auszuwerten lernt. Von den meisten Menschen wird der Körper überhaupt nur da, wo er schmerzt, wahrgenommen. Wie weitgehend die Fühl- und Spürfähigkeit, dieser Ursinn aller unserer Sinne, uns für den gesunden Zustand verlorenging, erfahren wir in oft erschreckender Weise.

Die Lösungs- und Atemtherapie erweckt aber auch in

weit größerem Umfang das seelische Fühlvermögen. Bei den Tieren nennen wir es Instinkt, beim Menschen verbindet es sich mit seinen intuitiven inspirativen Fähigkeiten.

Tatsächlich können wir auf diesem Wege nicht nur zur Ruhe, zu innerer Freude, größerer Sicherheit und zu einem fruchtbareren Umgang mit uns selbst und mit unserer Umwelt kommen, sondern darüber hinaus – im Maße wie wir feiner und tiefer fragen und erleben – finden wir Kraft und Lebensvertrauen im Einklang mit dem göttlichen Einen wieder.

Von diesem letzten, umfassenden Sinn des Atems abgesehen, scheint es fast, als wäre bereits die einfache freie Naturatmung – die unerläßliche Voraussetzung jeglicher, auch der bescheidensten Weiterarbeit mit dem Atem – zu einer »Geheimlehre« geworden, die persönlich gelehrt und aufs genaueste überwacht werden muß. So fern und fremd ist dem heutigen Kulturmenschen das Erfühlen und Erleben seiner schönen, weiträumigen Atemfreiheit geworden!

Vom Gähnen

Wer von uns kann wohl noch gründlich und ausgiebig gähnen? Ich meine nicht das genierte, das zurückgehaltene Aufseufzen und rasche Mundschließen – diesen verkrampften Gähnansatz, der so schnell als möglich unterdrückt wird. Ich meine das volle, ausgiebige Sichausgähnen, wie wir es mit Vergnügen und Anteilnahme beim Löwen und Tiger, beim Hund und bei der Hauskatze beobachten. Warum wohl ist es ein Genuß zuzuschauen, wenn das Kätzel und zum Glück auch das Kleinkind gründlich mit viel Zeit und Hingabe sich ausgähnen und meist auch gleichzeitig sich so schön ausdehnen können? Ist es nicht ein Stückchen Tier- und Kinderparadies, das sich uns da auftut? Wie sind nach dem Gähnen Kind und Tier zufrieden! Entweder legen sie sich zum friedlichen Schlafen, oder sie schauen aus frischen, sehr wachen Augen, bereit, mit hellem Bewußtsein die Welt ganz neu zu betrachten. Je nachdem, ob sie vorm Einschlafen oder beim Erwachen sich durchgegähnt hatten.

Sehen Sie, das ist die rechte Tiefatem- und Entspannungswirkung: schlafbereit oder schaffensfrisch werden wir, ganz wie es der Organismus zur Stunde benötigt. Und weil das Gähnen eine Ur- und Naturform der Tiefatmung, Dehnung und Entspannung ist, lohnt sich's, es zu betrachten.

Ahmen wir das Gähnen einmal rein äußerlich nach: Öffnen wir den Mund und Schlund so weit es möglich ist, noch weiter, immer weiter, so als ob eine Riesenpampelmuse durch unseren Hals rutschen sollte. Fühlen wir wie die Wölbung des oberen Gaumens höher steigt, das Zäpfchen sich hochzieht? Die Schlundöffnung zum Hals hinunter muß sehr weit und rund werden, während wir ein riesenweites, anhaltendes und lautloses Ah ... einatmen. Wir hecheln es als kurzes haha – immer bei offenem Munde – jeweils wieder heraus, wiederholen das, bis der echte Gähnreiz einsetzt und wir den Mund aus eigenem Wunsch und Willen nicht mehr schließen können. Wir haben dann einfach abzuwarten, bis er sich selber wieder schließt, bis es sich aus- und zu Ende gegähnt hat. Erscheint Ihnen das als ein etwas lächerliches Experiment? O nein, das ist es nicht. Wir kommen ja unserem Tiefatemvermögen damit auf die Spur!

Zunächst fragen Sie sich bitte, ob das Experiment wirklich gelang, ob es nicht bloß zu einem kleinen Ansatz reichte. Kamen beim langen Durchgähnen wirklich die Tränen? Mußten Sie die Nase schneuzen? Wurde Ihnen warm und wohl dabei? Das sind alles Zeichen, daß Ihre Drüsen, Schleimhäute und Blutgefäße, daß Ihr ganzes Vegetativum kräftig arbeitete und in gründliche Bewegung geriet. – Fühlten Sie auch, wie Kiefer und Wangen sich weit dehnten und wie der Dehnreiz auch die Glieder erfaßte, so daß Arme und Beine, auch der Rumpf mit Schlund und Wangen gleichzeitig sich dehnen möchten? Konnten Sie wirklich so tief durchatmen, daß die ganze Basis Ihres Rumpfes rundum – im Lenden- und Beckenteil des Rückens, der Seiten und des Leibes tief unterhalb vom Nabel – sich ausgiebig weitete? Ja, es ist ein Tiefatemtest, unser Gähnen! Ich denke, daß bei vielen, die es jetzt ausprobieren, zunächst nicht solche durchgreifenden, tief unten ausweitenden Atmungen sich einstellen, wie wir sie eben beschrieben.

Aber warum bleibt das Gähnen so klein und unbedeutend? Wo bleibt denn der »Große Gähn«, wie unsere Katze und der Säugling ihn haben? Ja, wo bleibt er? Er bleibt stecken in unseren eigenen Verkrampfungen. Unsere Verspannungen, unsere gewohnten Fehlspannungen halten ihn auf, sie sind es, die ihn nicht zur Auswirkung kommen lassen. – Haben Sie etwa die Gewohnheit, mit den Zähnen aufeinanderzubeißen? Sind die Muskeln um Kiefer, Kaugelenk und Kinn oft hart gespannt? Haben Sie oft eine verwölkte Stirn? Ziehen Sie gewohnheitsmäßig die Schultern hoch? Pressen Sie die Oberarme gern an die Seiten des Brustkorbs? Solche und andere Fehlhaltungen und Verspannungen drosseln das freie Atmen ab und verhindern natürliche Atemreaktionen. Es gibt arg verkrampfte Menschen, die sich schwer erinnern können, jemals überhaupt gegähnt zu haben. Viele halten das für eine Tugend: Gähnen ist ihnen aberzogen worden.

Nun, wir brauchen uns nicht gerade in der Gesellschaft anderer auszugähnen. Haben wir falsche Spannungen aufgegeben, natürliches Gelöstsein und freien Atem wiedergewonnen, so werden wir diesem Natur- und Urphänomen des Gähnens gar nicht so häufig mehr nachzugeben brauchen.

Vorm Einschlafen und beim Erwachen, auch einmal in der Mittagspause, wird es als Funktionsregelung genügen, zusammen mit einem schönen Sichausdehnen oder mit Hilfe von Dehnlagerungen, die wir vornehmen können, um verspannten oder erschlafften Geweben zu einem besseren Tonus zu verhelfen und ausgiebige Tiefatmung zu erreichen.

Von guten Dehnweisen kann ein andermal die Rede sein. Heute wollen wir zunächst durch die Art und Weise unseres Gähnablaufs etwas von unserem Atem kennenlernen.

Daß Gähnen einem Atem- und Dehnbedürfnis entspringt, geht aus dem bis jetzt Beobachteten hervor. Gedehnt werden zumindest die Gesichtsmuskeln, und beim echten, tief durchgehenden Gähnen weiten sich die Atemregionen im gesamten Körper vom Beckenboden bis zum Nasenrachenraum hinauf. Die wissenschaftliche Seite – Veränderungen des Verhältnisses zwischen Sauerstoff und Kohlensäure mit anderen Schlackenstoffen, chemische und nervliche Vorgänge im Organismus beim Gähnvorgang – wollen wir kompetenten Fachleuten überlassen und lediglich die praktisch erfahrbare Seite betrachten.

Spüren Sie, wie bei Ihrem kleinen, verhaltenen Gähnen die Luft gegen die obere Brustwand sich drückt? Mit diesem Atemdruckgefühl begnügen sich die meisten Menschen und glauben, »tief« genug geseufzt, geatmet oder gegähnt zu haben. Daß sich bei fortgesetzter Hoch- und Kurzatmung Organdisfunktionen einstellen, ahnen sie nicht. – Beobachten Sie, wie beim Tier, beim Kleinkind – und wenn Sie noch ungestört atmende Erwachsene kennen, auch bei ihnen – der gesamte Leibraum rundum, auch im unteren Rücken und seitlich im Lenden- und Beckengebiet sich weitet, sich ausfüllt – gleichsam wie mit lauter Atemluft! Und daß es sich dort nicht nur beim Gähnen auffüllt, sondern bei jedem Atemzug. Der Atem»zug«, wie man ihn gewöhnlich nennt, besteht aber normalerweise durchaus nicht in einem Ein»ziehen« der Luft, sondern in einer ganz feinen, leichten Saugbewegung, an der nicht nur unser Nasenrachenraum, sondern der ganze, rundum sich weitende Rumpf- und Kopfraum beteiligt sind. Bei den meisten Menschen wird der untere Teil des Körpers, die Atem»basis«, entweder in verspanntem Zustand festgehalten, oder aber sie ist erschlafft und träge. An der Atembewegung unbeteiligt bleiben in beiden Fällen Körperhülle und -raum zwischen den unteren Rippen und dem Beckenboden, eben die für das gesunde Atmen lebensnotwendige Atembasis. Darum kommt der Brustkorb, der Lungenraum, auch nur zu träger oder zu druckhaft aufgerissener Bewegung und erlangt so niemals die ihm zukommende natürliche Atemfreiheit.

Um aber die Rumpfbasis bewegungs- und atemfrei zu bekommen, müssen wir vor allem für Lösung der Körperventile sorgen. Die Schließmuskulatur des Beckenbodens zum Beispiel befindet sich vielfach in einem gewohnheitsmäßigen Verkrampfungszustand. Beobachten Sie, wie stark eine Zusammenziehung dieser Gewebe das Atmen hemmt! Ein natürliches, ausweitendes Durchunddurch-Gähnen ist in diesem verspannten Zustand des Beckenbodens unmöglich. Dazu beobachten Sie am anderen Pol unseres Körpers, am Haupte, die Ventile Schlund und Nase. Fragen Sie sich, ob, wie eingangs beschrieben, der Schlund, der Halseingang, rund und weit sich fühlt – auch bei geschlossenem Munde! Und ob Sie ihn zum offenen A und Ha, aber nicht dem gepreßten K-Ansatz, z. B. beim Räuspern, gebrauchen können? Und wie benimmt sich die Nase? Nasenwände und Nasenflügel sind bei so vielen Menschen vollkommen unlebendig, durchaus nicht mehr bewegungsbereit. Versuchen Sie einmal, die inneren Nasenwände mit ihren Schleimhäuten auseinander gehen zu lassen – und mit dieser Bewegung öffnen sich gleichzeitig die Nasenflügel – grad so, wie wenn Sie interessiert einen Geruch wahrnehmen wollten. Nun beobachten Sie, bei gleichzeitiger Lösung der Beckenmuskeln, wie Ihre Atemräume zugleich unten wie oben sich willig weiten! Freilich darf die Kleidung dieses Atemverlangen nicht grausam drosseln. Gürtel-, Bund-, BH und Miederfrage sind ein Atmungskapitel für sich.

Im Gegensatz zur lebendig offenen Nase, die die Atemauswirkung bis zum Hirn hinauf leitet, haben wir den verengten Nasenraum mit zueinander sich pressenden Schleimhäuten, wodurch das geräuschvolle, das »schniefende« Atmen entsteht. Im Zwischenstadium dieser beiden Beispiele liegt das schlaffe Verhalten in Nase, Mund und Nasenrachenraum, wodurch auch das Schnarchen erzeugt werden kann.

Noch besser ist es, den stark erweitert empfundenen Nasenrachenraum als Atemeingang zu spüren, wodurch Nasen- und Mundraum und damit die Körperbasis sich reflektorisch weiten und öffnen können.

Zum lebendig betätigten Atemempfinden gehört auch das Gefühl für die gelösten Lippen, die zwar leicht geschlossen, aber nicht aufeinandergepreßt sind während unseres freien, geräuschlosen Aus- und Einatmens. Ebenso lassen die Zähne leicht voneinander los. Die Zunge ruht tief unten auf dem schalenartigen Grund des Mundes. Oder schwebt sie zwischen Ober- und Unterkiefer? Oder drückt sie sich an den oberen Gaumen und hängt dort fest wie eine Fledermaus? Dann dehnen Sie die Zunge einmal weit hinaus, noch weiter, – streben Sie mit dem Zungenrand zum Kinn! Spüren Sie, wie gut die Wangen sich dehnen? Ist der Schlund, der Halseingang rund und weit? Erinnern Sie sich an unsere erste Gähnprobe! Nun führen Sie die Zunge zurück und mit der Spitze tief in die Richtung des Schlundeinganges, so, als sollte sie darin verschwinden. Fühlen Sie, wie dabei das Zäpfchen sich hebt und der Gaumen sich zu einer Kuppel hoch-, der untere sich in die Tiefe wölbt? Eine wunderbare Gähnvorbereitung ist das, und vielen kommt schon der erste Gähnreiz bei diesem Zungenspiel. Dabei aber heißt es: Mund offen lassen, lange, bis es sich in allen Räumen vom Basis- bis zum Kieferraum hinauf gründlich ausgeweitet und tief, tief durchgegähnt hat.

Aber auch dann, wenn solch schöne Dehn- und Lösungsbereitschaft sich noch nicht einstellen konnte, lassen Sie nach wiederholtem Zungenhinaus- und Rückwärtsdehnen die Zunge wieder sinken, wohin Sie nun sinken will. Fragen Sie sich, wo sie jetzt ruht! Dehnen Sie so gründlich, so oft und lange, bis die Zunge, das »unruhige Übel«, sich friedlich in die Schale des Unterkieferbodens niederläßt, wo sie entspannt ruhen kann wie die Katze im Körbchen.

Wenn nun bei Ihrem Gewohnheitsgähnen die kleinen unbedeutenden Ansätze sich immer wiederholen, wenn der Mund sich zu rasch schließt, Sie unaufhörlich weitergähnen müssen und gar kein Ende finden können, so sollten Sie wissen, daß Verkrampfungen und Erschlaffungen in Ihrem Organismus noch nicht behoben sind. Bei diesen schwachen Gähnimpulsen kommt es niemals zu der wohligen, Tränen auslösenden Entspannung und Erwärmung, zum atemerweiternden Ausgleich der Kräfte vor der Weiterarbeit, zur friedlichen Ruhe vor dem Einschlafen. Das Miniaturgähnen bleibt eine Attrappe.

Nun noch etwas Wesentliches, was Sie selbst auch beobachten können: Charakteristisch für das echte, natürliche Durch-und-Durch-Gähnen ist ein relativ kurzes Ein- und ebenso kurzes Ausatmen und zwischen diesen beiden Phasen eine lange Atempause, während die offene Ah-Stellung des Mundes und des Schlundes mit ihrer oben beschriebenen Reflexwirkung die Basis kräftig weitet und die Kau- und anderen Gesichtsmuskeln stark gedehnt bleiben.

Eine Atempause oder -stille – das Nichtweiteratmen – wird von vielen Abendländern, weil gefährlich, abgelehnt, und das mit Recht. Denn gewaltsames Festhalten des Atems, ehrgeizig unter Zählen gesteigert, wie es landläufig hier geübt wird, verkrampft und schädigt den Organismus.

Nehmen wir aber ein Minimum von Einatmen – ich nenne es ein »Häuchlein« – und warten wir in gelöstem Zustand lauschend ab, bis der weitere Einatem kommen will, so haben wir eine erste der für die Abendländer gefahrlosen Vorübungen zur Atemstille entdeckt, die in meditativen Yoga- und Zen-Übungen mit Recht einen unerläßlichen Bestandteil der »geistigen Atemlehre« bildet.

Vergleichen wir Meister Awa's Wort im von mir oft zitierten Erfahrungsbuch von Prof. Herrigel »Zen in der Kunst des Bogenschießens«: »Das Einatmen bindet und verbindet, im Halten des Atems geschieht alles Rechte ...«

In tiefer Meditation – während des »geistigen« Atmens – tritt die Atemstille ganz von selber ein, und Sie sehen, daß im echten Durch-und-Durch-Gähnen ebenfalls die Atemstille als Zwischenphase zwischen dem kürzeren Ein- und Ausatem natürlicherweise ganz von selber kommt.

In dieser Zwischenphase erleben wir ein Aussetzen des Verstandesdenkens, und auch hierin sehen wir die Verwandtschaft zwischen dem »Großen Gähn« – wie ich ihn nenne – und der Atemstille, der »Leere«, die kürzer oder länger in der tieferen Meditation und ganz besonders im Zustand der Kontemplation eintritt.

Und ist es nicht hier wie anderswo, daß wir in den Naturerscheinungen die Entsprechungen geistiger Gesetze erfahren und sie uns bewußt machen können?

Betrachten wir hier aber das einfachste psychosomatische Ergebnis eines von selbst entstehenden Atemanhaltens und seine Auswirkung: Wie die autonomen Vorgänge im Organismus – Gasaustausch, Kreislauf, Drüsentätigkeit u. a. m. – sich intensivieren, und ebenso, wie das Gemüt sich beruhigt, der Geist sich klärt, – das alles kann ein feinfühliger Beobachter gut bei sich selber wahrnehmen.

Nun schauen Sie sich einmal Ihren Hund, Ihre Katze, den Löwen im Käfig, Ihr Kleinkind an und die schöne Gelöstheit ihrer Glieder in der Ruhe und in der Bewegung! Hier haben Sie ein Bild vom gesamten Wesenszustand im Gelöstsein. Jetzt wollen wir ihn mit dem unseren vergleichen: Fragen Sie zunächst in der früher beschriebenen Weise nach Ihren gelösten »Ventilen« (Schlund und Analgebiet) und nach den entspannten Zungen-, Mund-, Kau- und anderen Gesichtsmuskeln!

Jetzt sollten Sie sich klar werden, daß diese Teilentspannungen erst dann echt und atemwirksam werden, wenn Sie zugleich das Gelöstsein in allen Gliedern und in ihrem gesamten Wesenszustand – nicht nur dem körperlichen – erfahren, wie wir das so ausdrucksstark bei dem Kleinkind und den Tieren beobachten konnten.

Das Entdecken und Abgewöhnen von körperlichen Fehlspannungen und seelischen Fehleinstellungen ist eine Frage der Selbstkenntnis und der Selbsterziehung, die oftmals nicht ohne verständnisvolle Hilfe gelingt. Wenn Sie aber erst so recht aus tiefgeweitetem Basisraum heraus gähnen können, dann sind Sie doch schon ein gelösterer und im Maße Ihres körper-seelischen Gleichgewichts ein glücklicherer Mensch; denn Gähnenkönnen ist wirklich ein Atem- und Entspannungstest. Unsere größere Atemfreiheit aber ist das Zeichen größerer, stärkerer und tieferer Lebendigkeit.

Ein Weg

zu gelöster Atmung und Bewegung aus der Ruhe

Der Atem ist eine erkundenswerte Sache, das wurde mir als jungem Mädchen während der heilgymnastischen Ausbildung* bewußt. Ich mußte dort beobachten, wie naiv, wirkungsarm, oft schädigend dieses fein reagierende Agens durch gymnastische Atemübungen vergewaltigt wurde. So bald als möglich suchte ich allerlei Atemlehrer und Gymnastikschulen auf, fand aber immer nur wieder von außen an die Schüler herangebrachte Lehrmethoden mit willkürlich trainierender Atmungsweise. Da lernte ich – es war noch vor dem ersten Weltkrieg – in Dresden Frau Elise Walter-Hähnel – Lehrerin der Sprechtechnik – kennen. Sie ließ im Unterricht die starke und für die Atembefreiung unerläßliche Geschmeidigkeit der atmenden Bewegung in den rückwärtigen Becken- und Lendenwirbel-Regionen erfahren. Diese wurde meines Wissens damals nirgends anderswo beachtet, und sie wird heute am Ende der 70er Jahre von wenigen Lehrenden noch erwähnt. Außerdem hatte ich durch Frau Walter-Hähnel erstmals das Kopf-Atemerlebnis, das bei ihr unbedingt für die gute und anstrengungslose Tongebung – frei von Kehlkopfdruck – erforderlich war. Ihr Buch »Gesunde Sprechstimme« war bereits 1910 im Berliner Rosenberg-Verlag erschienen. Sie wußte um ihre mühsame und allzu wenig anerkannte Pionierarbeit und freute sich über jeden verständnisvollen Schüler. Sie war es, die, damals mir noch unbewußt, den Grund legte zu meiner Lehre von der polaren Atmung in Basis und Haupt. Das Bewußtsein vom befreiten Naturatem sollte sich auf Grund vieler wesentlicher Einsichten erst allmählich entwickeln.

* Das Wort Krankengymnastik wurde erst Ende der 30er Jahre verpflichtend.

Damals aber begannen die intensiveren Beobachtungen während gymnastischer Gruppenstunden und krankengymnastischer Einzelbehandlungen. Nach den vorangegangenen Jahren des Zeichnens und Malens und nach dem tänzerischen Studium bei Laban und Palucca gab ich auch tänzerischen Unterricht, privat und in Volkshochschulkursen. Dort mißfielen mir die nachgeahmten und absolut unorganischen Bewegungen der Schüler so gründlich, daß ich mit ihnen allerlei neue Versuche anstellen mußte. Es waren Erwachsene und Jugendliche, im allgemeinen ehrbare Alltagsmenschen. Aber in den tänzerischen Stunden der Volkshochschule waren sie Karikaturen ihrer selbst. Und nicht viel besser war es während ihrer gymnastischen und krankengymnastischen Übungen. Ja, waren nicht alle Menschen auch in ihren alltäglichen Bewegungen und Ausdrucksweisen mehr oder minder arge Karikaturen, wenn man sie mit der Schönheit der Inder, der Südsee-Insulaner, der alten Griechen verglich? Ich probierte aus und forschte, immer im Hinblick darauf: wie könnte man den Menschen mit natürlichen Mitteln zu geschmeidiger und zugleich zu der ihm wesenseigenen Bewegung bringen? Da wurde, gleichsam als Antwort auf mein Fragen und Suchen, die Gindlerarbeit mir in den Weg gebracht.

In ihren Berliner Gymnastikkursen hatte Elsa Gindler schon um die Mitte der zwanziger Jahre einiges Grundlegende, wonach ich experimentierend suchte, in ein lehrbares System gebracht.

Die allgemeinen Fragen, z. B. die der Ernährung, des psychischen Verhaltens und des körperlichen Ausdrucks, die Probleme des »Ich« und seiner Reagierweisen, die Elsa Gindler oft im Zusammenhang mit ihrem Unterricht brachte, waren mir damals schon vertraut. Das Neue, Klärende und außerordentlich Erfreuliche war für mich die Art, wie sie die Schüler zur Ruhe kommen ließ. Wir erlebten dabei, daß aus der Ruhe und inneren Besinnung – aus dem Zustand des »Bei-sich-selber-Seins« – eine freie und natürliche Reagierweise und die organischen Bewegungen und Tätigkeiten sich von selbst ergeben. Elsa Gindler war Gymnastiklehrerin und benutzte eine Reihe entsprechender Mittel, um dieses uns innewohnende Gesetz ins Bewußtsein zu bringen.

Beim Start zum Laufen, beim Spiel mit dem Ball, beim Sprung übers Seil, Balancieren, Aufrichten aus Rückenlage, beim Händegeben, Türen öffnen, beim Zuhören oder Antworten machten wir unsere Beobachtungen. Wie oft waren die Bewegungen überbetont oder zu schwach, gehemmt oder hastig, gerissen oder gedrückt. Spielend und schön gelangen sie nur dem – und das gewöhnlich »im unbewußten Momente« – der den gelassenen und gelösten, den absichtslosen Grundzustand *vor* der Auslösung der Bewegung hatte. Das Schwierige war: wie können wir uns solcher Zustände und Abläufe, die doch in der Sphäre des Unwillkürlichen und Unbewußten vor sich gehen, bewußt werden, ohne sie mit unserem Denken und unserem Wollen zu stören, so daß sie erst recht gehemmt, übertrieben, unorganisch fehlgeleitet werden? Gibt es Möglichkeiten, unser kontrollierendes Bewußtsein in einer Weise zu gebrauchen, daß es das unwillkürliche und sonst unbewußte Geschehen wahrnimmt, ohne das Zusammenspiel der autonomen und der willentlich gesteuerten Organe zu irritieren, sondern es vielleicht sogar zu ordnen und zu harmonisieren?

Elsa Gindler machte uns mit einer wirkungsvollen Entspannungsweise vertraut, die tatsächlich der Beginn eines Weges zu diesem Ziele ist.*

* Ausführliches über das Prinzip der speziellen »Tastarbeit« in meinem Artikel »Heilgymnastische Entspannungsbehandlung« (Hippokrates-Verlag 1938, Heft 10)

Zunächst in flacher Rückenlage kontrollierten wir die Art, wie unser Rücken auflag, ob hohl, ob gespannt oder behaglich niedergelassen. Wir erspürten Glied für Glied, Hals und Kopf zunächst jeder gesammelt bei sich selbst, dann aber auch mit Hilfe von gewissen Wägegriffen bei den anderen. Wir erlebten muskuläre Ruhe- oder Unruhezustände und lernten an einfachen Beispielen, daß unwillkürliche Vorgänge durchaus nicht unbewußt bleiben müssen.

Zu unserer Überraschung aber nahmen wir wahr, daß während des stillen Erspürens sich Ruhe-, Wärme- und angenehmes Schwere- oder auch Leichtigkeitsempfinden von selbst eingestellt hatten.

Hier sei erwähnt, daß Prof. J. H. Schultz sein Autogenes Training aufgrund Gindlerscher Anregungen entwickelte. Jedoch hat Elsa Gindler hypnotische und selbstsuggerierte Willenseinflüsse streng vermieden. Sie erzog zu wachem inneren Beteiligtsein und lehnte jede mechanisierte Übungsweise ab. Wir suchten sachliche und ehrliche Beurteilung des Wahrgenommenen, wir probierten selbständig aus, ließen uns von eigenen Fehlern und Irrtümern belehren, lernten besseren Abstand von uns selber nehmen. Ab und zu gewann ich einen tieferen, wachbewußten Ruhezustand, worin die Gedanken schwiegen. Ein noch nie in diesem Maße erlebtes, fühlsames Bewußtsein für organische Vorgänge und deren Zusammenhänge mit dem Gemüts-, Denk- und Bewegungsleben wurde in mir geweckt.

Solche Wahrnehmungen nahm ich mit Freude in meine Weiterarbeit auf. Vollkommen organisch fügte sich dieses fühlsame Spürvermögen – das »Tasten«, wie es genannt wurde – in krankengymnastische Maßnahmen meiner therapeutischen Arbeit ein.

Diese Arbeit in der Ruhe führt zu immer feiner werdenden Wahrnehmungen und bewirkt immer rascher wirkende

Umstimmungen, nicht nur in den Muskel- und Hautschichten des Organismus, sondern ebenso im Vegetativum und in unserem seelischen Gesamtzustand. Nicht durch Wunsch oder Selbstsuggestion, sondern im sachlichen Bewußtwerden dessen, was wir vorfinden, gehen Stoffwechsel-, Nerven-, Kreislauf-, Atem- und Tonusveränderungen in selbstregulierender Weise unter unserem zuschauenden inneren Auge vor sich. Bei manchen entsteht während des stillen Wahrnehmens z. B. in Hand und Arm ein Kribbeln, als wenn sie »eingeschlafen« wären und gerade wieder lebendig werden wollten. Andere fühlen wohlige Wärme, wieder andere stark einsetzendes, fast heißes Strömen lebhafter Durchblutung, während der Arm der nicht erspürten Seite kühl geblieben ist. Der eine sagte aus, Hand und Arm seien leichter, der andere, sie seien schwerer geworden. Bei beiden aber ergaben vorgenommene Fühl-, Dehn-, Kraft- und Bewegungsproben, daß übermäßige Verspannungen ebenso wie zu geringe Spannungsgrade sich ausgeglichen hatten und einem günstigeren Zustand im freieren, gelösteren Spiel der Glieder gewichen waren. Denn nicht nur das Empfindungsvermögen und innewohnende Leben des erspürten Körperteils, sondern zugleich seine Bewegungs- und Leistungsbereitschaft hat gewonnen. Immer aufs neue sind unsere Schüler erstaunt, wie spielend das in dieser Weise eingelebte Glied dem Willen folgt, z. B. das Bein beim Gehen: »Es läuft ja ganz von selbst« – oder der Arm beim Gewichtanheben: »Wieviel größere Kraft und Sicherheit hat jetzt dieser Arm, mit dem anderen ist ja das Gewicht, – Korb oder Hantel zum Beispiel – so sehr viel schwerer anzuheben!« – »Wie weich und warm ist die erspürte Hals- und Schulterseite geworden. Und die Schmerzen in der Schulter sind nicht mehr da. Auch das Kopfweh ist ganz verschwunden!« Die Vergleiche ergeben immer überraschende und überzeugende

Resultate, selbst bei denen, die zunächst nichts zu fühlen glaubten.

In dem Maße wie der Tonus- und Wärmeausgleich erreicht wird, stellt sich der Ruheatem und ein wohliges Daseinsempfinden ein, dazu Schwere oder Leichtigkeit je nach dem zu Verspannung oder Erschlaffung neigenden Grundzustand, den der Übende vor dem Erfühlen und Ertasten mitgebracht hatte.

Wir lernen also einen Ruhezustand kennen, worin es möglich ist, unwillkürliche und im allgemeinen unbewußt verlaufende autonome Vorgänge wahrzunehmen und deren Umstimmung zu erleben, ohne daß Denken und Wollen sich störend einmischen. Die Bewegung löst sich in diesem Zustand organisch, kraftsparend und schön von selber aus. Das ist ein für unsere Bewußtwerdung und Erkenntnis grundlegendes Erlebnis.

In den Gindlerkursen wurde auch die Atmung erfragt, aber dieses Thema wurde damals nur gelegentlich und am Rande behandelt. Ich war mit Abständen insgesamt etwa 9 Wochen an den Lehrgängen beteiligt, und wie ich hörte, hat Frau Gindler späterhin mehr psychotherapeutisch gearbeitet, verbunden mit Kontrolle der körperlichen Bewegungsabläufe. Da mir aber der Atem ganz besonders am Herzen lag, wurde er für mich bald Kernproblem und Mitte der gesamten Arbeit, gleichsam als die Nabe im psychosomatischen Lebensrad. Für das Gelingen gelöster Atmungsvorgänge – genau wie für das der Bewegungsabläufe – ist innere Sammlung, Bereitschaft und Geschmeidigkeit der Körpergewebe Voraussetzung. Auch der Atem will nicht gemacht und mit Kraftaufwand gegen Widerstände versteifter Gewebehüllen gepumpt, sondern wie jede andere Bewegung will er in selbstverständlicher Weise ausgelöst sein. Unser Atem ist mit körperlichen Situationsveränderungen ebenso wie mit den bewegten Gemüts- und Seelenzuständen aufs innigste verwoben, und der Geist hätte an unserem Organismus kein Instrument ohne den lebendig reagierenden Atem.

Daß beim Erfragen und Erspüren keine willentliche oder auch unwillkürliche Einmischung geschieht, ist beim Wahrnehmen der Atemräume weit schwieriger zu erreichen als beim Erfühlen der Körpergewebe. Aber je besser wir den Abstand von unserem »Ich« bei diesem ans Meditative grenzenden Zustand gewinnen, desto besser gelingt es, das Atmen »da sein« zu lassen, ohne es mit bewußter oder unbewußter Absicht zu verändern. So können wir unseren Atem kennenlernen und seine außerordentlich feine Reagierfähigkeit auf Außenumstände und Innensituationen wahrnehmen. Da das Atmen auf die Lösung beim Erfühlen des Gewebemantels unseres Körpers nicht anders als beruhigend und erweiternd reagieren kann, wird uns bald die Blockierung der Atmung durch Gewohnheitsverspannungen klar, ebenso durch orthopädische Veränderungen, durch Haltungsfehler, durch Verhärtungen der Muskeln, durch Verschlackungen der Bindegewebe oder durch ungünstige Kleidung, durch Angst- und Erregungszustände und all die vielen körper-seelischen Störungsmomente.

In den gymnastischen Gindler-Kursen beobachtete ich unter den relativ Gesunden auch gelegentlich Schüler mit Rückgratverkrümmungen oder solche, die in schwer verspannter Sitzhaltung durchaus nicht zur Ruhe kommen konnten, Unruh- und Weinkrisen während der Kontrolle ihrer Atembewegung bekamen. Da wurde die Krankengymnastin in mir wieder wach, von der ich mich schon eine Zeitlang zugunsten anderer Interessen und Tätigkeiten abgewandt hatte.

Ich ging nun mit neuem Impuls und frischer Freude wieder an die therapeutische Arbeit. Ich wandte auch periphere

Hilfsmittel an, um die Schüler und Patienten rascher und intensiver zu fördern: Z. B. Vibrationen, Packe- und Hängegriffe, pflügende Massage, verengende und lösende Atemhilfs-Griffe, damit die Schüler und Patienten rascher ein freieres Atmen erleben und Vergleiche finden konnten. Es wurden umformende, aber immer gut wahrgenommene und erspürte Dehnlagerungen, fühlsame Bewegungen – nicht nur in ausgesprochen orthopädischen Fällen – vorgenommen. Dehnungsvarianten, über deren Wert gelegentlich noch zu berichten wäre, wirken ausgezeichnet zur Auslösung freierer Atmung, aber auch z. B. bei Arthrosen, Bandscheibenschäden, Stauungen in Kreislauf und Geweben, in verschiedensten Zuständen besonders aber auch während der Schwangerschaft. Gewisse Spannungsübungen bei Lordosen, schlaffen Bäuchen, Senkungen, und was alles in das krankengymnastische Gebiet fällt, werden nie anders als spürsam unter Kontrolle von Lösung und Atmung vorgenommen. Immer ist der Patient gesammelt beteiligt. Er sucht den gelösten Gesamtzustand in jeder Unterrichtsstunde zunächst in der Ruhe, dann ebenso während der Übung oder der Behandlung. Er selbst vergleicht und beurteilt. Zur Ruhe zu kommen ist Voraussetzung für die Weiterarbeit mit dem Patienten.

Auf das Erleben des Basis-Atems – in der Region zwischen Zwerchfell und Beckenboden – wird in meiner Arbeit als erstes der Hauptwert gelegt. Vor allem der rückwärtige Teil der Basis, in Höhe des Kreuzbeins und der Lendenwirbel, ist bei vielen Menschen wie ein toter Block und für fast alle eine bisher noch nie entdeckte Atemregion. Es lohnt sich aber seine Entdeckung und auch das Opfer einiger Kleidungsmodelaunen, denn schlagartig verschwinden häufig die vielerlei lästigen Krampfzustände und Beschwerden, die durch Disfunktionen der Unterleibsorgane verursacht werden. Ebenso ist dieser Rückenraum unserer Basis und die Schmeidigung der unteren Rückenhülle, des Steiß-, Kreuz-, Lendenreviers für das Austragen des Kindes während der Schwangerschaft von unschätzbarer und noch erstaunlich wenig bekannter Bedeutung.

Daß sich mit der Durchatmung und Durchströmung des Beckens nicht nur Kreislauf- und Organfunktionen im Unterleib und in den Beinen regulieren, sondern auch z. B. Herz-, Brust- und Kopfbeschwerden funktioneller Art verschwinden, stellen wir immer wieder fest. Dieser verkümmerte und vergessene Lebensprozeß der Basis-Atmung mit seiner Wirkung auf das Nerven-, Seelen- und Geistesleben kann nicht ernst genug genommen werden. Ebenso notwendig ist es, fühlsam den Zugang zum Kopfatem zu finden, und besonders den reflektorischen Zusammenhang zwischen Analgebiet und Schlund bewußt werden zu lassen. Die Gewebe zwischen Nacken und Hinterhaupt sind aus ihrer Starre zu befreien, und Hals- und Schulterverspannungen sind abzugewöhnen. Ist mit Hilfe von Lösung und Behandlung und in der erspürenden Überschau der Räume das Atemerlebnis in Basis und Haupt gewonnen, so ist bei unserer krankengymnastischen Arbeit der Zugang zu den Brustwirbeln und zum Raum des Brustkorbes in ähnlicher Weise zu schaffen.

Praktisch muß bei jeder lokalen Erkrankung, Disfunktion oder Verformung von Körperteilen am ganzen Menschen gearbeitet werden, denn im Durchströmen und Durchatmen lassen sich Einzelgebiete des lebendigen Organismus nicht voneinander trennen.

Schüler und Patienten, die für die Lösungs-Arbeit aufgeschlossen sind, erfahren eine immer tiefere Ruhe und Gelassenheit. Sie wachsen ganz natürlich in das sichere Bewußtsein von Lösung, Atmung und Bewegung hinein, wobei so viele Möglichkeiten und deren Varianten zu erleben sind, daß selbst der erfahrene Unterrichtende immer wieder von neuen Wegen und Wirkungen – körperlichen und geistigen – überrascht wird.

Wenn es hier auch nur erste und angedeutete Wege und Erlebnisse sind, die ich mitteile, so gehen auch diese schon auf das gleiche Prinzip des Zur-Ruhe-Kommens und des Geschehenlassens zurück.

Es ist das »Nicht-Tun im Tun«, das in Prof. Herrigels berühmt gewordenem Büchlein »Zen in der Kunst des Bogenschießens« meisterlich mit schlichten Worten geschildert ist.

Der verständnisvolle Leser ahnt, welche Perspektiven sich öffnen können. Er wird vielleicht auch begreifen, wie fruchtbar eine solche Arbeit, die von vornherein den ganzen Menschen erfaßt – auch wenn sie noch in ihren ersten Grenzen bleibt –, sich im Leben der heute so schwer beunruhigten Menschheit auswirken kann.

Erspüren und Einleben natürlicher Atmung

Ein Vortrag, schriftlich späterhin ergänzt und erweitert

Für die Atemforschung dürfte es interessant und gewinnbringend sein, sich mit einer Atemtherapie zu befassen, die in der Ruhe, also ohne äußeren Bewegungsanreiz, die Atmung und den Gesamtzustand des Menschen bewußt wahrnehmbar umstimmt. Dabei findet keine willensmäßige oder suggestive Einmischung in den Atemvorgang statt, und es wird kein vorgestelltes und beabsichtigtes Ergebnis erwartet. Lediglich durch Wahrnehmen, Erfühlen und Bewußtwerden einfacher Vorgänge im Organismus ergeben sich Umstimmungen in Kreislauf, Stoffwechsel, Organtätigkeit, Atmung und ebenso im Gemütszustand. Vor allem aber wird der Muskeltonus beeinflußt und die Auflösung gewohnheitsmäßiger Fehlspannung deutlich wahrnehmbar gefördert. Um solche Erfahrungen machen zu können, brauchen wir den Zustand inneren Gesammeltseins. Und wie wir diesen gewinnen, sollen Ihnen einige Entspannungsbeispiele bestimmter Art zeigen, die bereits deutlich auf das Empfinden, Wahrnehmen und Bewußtwerden hinleiten.

Wesentliche Grundlagen zu dieser Entspannungsarbeit verdanke ich Frau Elsa Gindler, in deren gymnastischem Gruppenunterricht ich in den zwanziger Jahren kurze Zeit mitarbeiten konnte. Ich ordnete das feinere Wahrnehmen und Bewußtwerden – »das Tasten«, wie Frau Gindler es damals nannte und mit ihren gymnastischen Unterrichtsmitteln verband – in meine krankengymnastische Arbeit ein. Die Erfahrungen in meiner Praxis brachten viele glückliche Vertiefungen, Ergänzungen und Varianten, ganz besonders auch in bezug auf das Atmen, womit Frau Gindler sich damals sehr wenig befaßte. Für mich aber wurde gerade der Atem zur Kernfrage, wurde die Nabe des psychosomatischen Lebensrades. So kam diese Arbeit ins Wachsen durch Erlebnisse und Beobachtungen an mir selbst, an meinen Schülern und Patienten, und wurde ein neues, organisches Ganzes, das in ständiger Entwicklung bleibt und auf solche Weise nicht in System und Schema erstarren kann.

Ich nehme an, daß Sie einige meiner Arbeiten über dieses Thema der Lösungs- und Atemtherapie kennen. Also möchte ich Sie gleich ins Praktische führen und Ihnen an einem Patientenbeispiel etwas Charakteristisches der Arbeitsweise aufzeigen.

Stellen Sie sich bitte eine Patientin vor, wie sie, vom Arzt überwiesen, zu mir in die krankengymnastische Behandlung kommt. Kein kompliziertes Beispiel bringe ich Ihnen, etwa das einer schweren körperlichen oder seelischen Krankheitsform, denn in der kurzen Zeit kann ich aus dieser Arbeit nur einen kleinen Ausschnitt bringen, der um so verständlicher wird, je einfacher die Reaktionen des Patienten verlaufen. – Ich greife darum das Beispiel der schlichten, etwa 30jährigen Frau heraus, die kürzlich bei mir war, Mutter einiger Kinder, und deren Ehe in Ordnung ist. Sie hat recht kluge, aber müde Augen, ihre Stimme klingt monoton. Auf der krankengymnastischen Verordnung steht nicht mehr als: »Myogelosen im Schultergebiet, Kreuzschmerzen, Obstipation«. Ich sehe die hochgezogenen und festgehaltenen Schultern, das ungleich verfärbte, überanstrengte Gesicht, den hartgespannten Hals. Beim Entkleiden sind ihre Bewegungen ekkig. Ich sehe die lordosierte Haltung ihrer Lendenwirbelsäule, den tiefen, verformten Tailleneinschnitt, den schlaffen Bauch, die zu hart gespannten Beine, die Senkfüße. Sie hat oberflächliche Kurzatmung, unlebendige Nasenflügel. Im Aufseufzen während ihres Berichtes erfolgt der übliche

Hochatem hals- und schlüsselbeinwärts. Sie erzählt, daß sie allenthalben Schmerzen hat, in Schultern und Nacken, in den Beinen, im Rücken und während der unregelmäßig gewordenen Menses im Kreuz und im Leib. Sie schläft unruhig und steht morgens übermüdet auf. Stuhlgang will nicht funktionieren, Mittel wirken nicht mehr. Viel Kopfschmerzen. Ein übliches Bild, wie Sie es gewiß auch kennen.

Die Patientin legt sich auf den breiten Behandlungstisch in Rückenlage. Ich lasse ihr Zeit, sich so gut wie möglich zu entspannen und nehme dann, als sie selbst glaubt, entspannt zu sein, die ersten Proben mit ihrem Arm vor, dann mit dem Bein und mit dem Kopf: sie merkt nicht, daß der Arm zuckt und sich hebt, wenn ich ihn leise wägend auf meine Hand nehme. Das Bein drückt gegen meine langsam anhebenden Hände wie bei einer Widerstands-, nicht wie bei einer Entspannungsprobe. Ich hebe leise den ruhenden Kopf – er hebt sich selbst, drückt und dreht im Wechsel.

Da die Patientin kein problematischer Mensch, also seelisch relativ gesund, einfach und ehrlich ist, bemerkt sie ihre unwillkürlichen Fehlbewegungen, sobald sie besser zur Ruhe kommt und sich einfühlt. Sie ist recht erstaunt darüber, daß es ihr nicht gelingt, diese Verspannungsimpulse willentlich zu unterlassen. Zunächst soll sie sich nun melden, sobald ihr die ungewollten, gleichsam ihr ausrutschenden Bewegungen bewußt werden. Danach aber fordere ich sie auf, mehr auszusagen: sie soll nicht nur melden, wenn sie sich ungewollt bewegt, sondern auch feststellen, was sie tut.

Wie in diesem Beispiel gehe ich während der ersten Proben auch mit anderen Patienten und Schülern vor. Sie sollen sich nicht auf meine probenden, langsam wägenden Hände einstellen, sollen nicht erraten, was diese tun, sollen sich ihnen aber auch nicht passiven Geistes und erschlafft überlassen; sondern ihren eigenen Arm, ihre eigenen Glieder, den eigenen Kopf und Hals sollen sie fühlen und sollen beurteilen, wie diese reagieren, und ob sie zur Ruhe kommen oder nicht.

Wenn ich eine Beckenseite des Patienten etwas anhebe und sie äußerst langsam sinken lasse, fühlt er gewöhnlich den Vorgang des allmählichen Sinkens zunächst besser als in den unruhigeren Armen oder Beinen. Zudem bekommt er bei diesem Hilfsgriff schon ein gewisses Bewußtsein für sein lordosiertes Lenden-Kreuz-Gebiet, das bei späteren Maßnahmen und Übungen immer geschmeidiger für die untere Rückenatembewegung werden muß.

Es ist wichtig, von Anfang an sorgfältig zu arbeiten und die Schüler und Patienten zum Wahrnehmen, Vergleichen und Aussagen aufzufordern. Was anfänglich versäumt wird, ist später schwer nachzuholen.

Ich dehne dann außerordentlich langsam und allmählich – damit der Patient sich während dieser Hilfe immer besser lösen lernt – Arm, Bein, den Hals mit dem Griff am Kopf und lasse gut erspüren, ob eine aktive Bewegung erfolgt oder nicht. Die nervösen, unwillkürlichen Spannungen bleiben also nicht unbewußt, der Schüler überläßt sich keiner Halbtrance; dagegen sucht er den Zustand wohligen Behagens und vertrauensvoller Hingabe. Er kommt in einen harmonischeren, stiller atmenden Ruhezustand in dem Maße, wie das von ihm empfundene Loslassen gelingt. Sehr günstig ist es, solche Hilfsgriffe oder die mit viel Zeit gegebenen Dehnungen einseitig vorzunehmen. Der Vergleich mit der anderen, vom Patienten noch nicht kontrollierten Seite fällt besonders überzeugend aus.

Hat unsere Patientin an solchen Beispielen gelernt, sich der Entspannungsruhe zu überlassen und auch unwillkürliche Atemreaktionen schon wahrzunehmen, so wird sie bald weniger geneigt sein, sich in ihren Atemvorgang einzumischen, sie spürt, daß der Atem von selbst sich vertieft und erweitert, wenn die muskulären Fehlspannungen nachlassen. Auch wende ich mehr oder minder starke Atemhilfsgriffe an, z. B. zuallererst in Bauchlage Packe- und Hängegriffe im Lendenwirbel-, Kreuz- und Beckengebiet, um der Patientin zur Reaktion einer Atembewegung im unteren Rücken zu verhelfen, die auch ihr, wie den meisten, ein vollkommen neues Erlebnis ist. Hängegriffe können dort angewandt werden, wo das »Mantel«-Gewebe des Körpers (Bindegewebe, Fett, Haut) elastisch genug geworden ist, um sich von der Muskulatur abheben zu lassen. An einem solchen Hängegriff kann der Ruhende sich sinken lassen, abhängend wie eine Katze am Fell.

Wir dürfen uns aber nicht auf solche Hilfsmaßnahmen verlassen und uns auf sie beschränken, sondern wir fordern den Patienten auf, sein Fehlverhalten zu Hause, im Beruf und im täglichen Leben zu kontrollieren, um auch damit zu helfen, ein besseres Lösungs- und Atembewußtsein zu bekommen.

Sorgfältige Selbstkontrolle ist ja die Grundlage für jede körperliche und geistige Weiterentfaltung.

Im Beispiel unserer Patientin handelt es sich um Abgewöhnen des Hochatems, der mit dem Verspannen der Gesichts- und Halsmuskulatur, dem Festhalten der Becken- und Rippenregion und der Schultern einhergeht. Durch dieses Festhalten und Stauen in den Geweben entstanden die Myogelosen und Schmerzen in diesen Gebieten. Dieselben Erscheinungen fanden sich im Kreuz- und Lendengebiet, wodurch die Disfunktionen der Beckenorgane entstanden (z. B. Obstipation, unregelmäßige Menses, schlechte Durchblutung der Beine). Als Folgeerscheinung all dieser gestörten Zustände sahen wir bei der Patientin den gestörten Schlaf und die chronische Übermüdung. Fragen der Diät, der Kleidung, der Einteilung des Tages und Kontrolle der gesamten Lebensweise spielen eine ernstlich zu beachtende Rolle.

Dieser Patientin mit Hohlkreuz, schlaffen Bauchmuskeln und verformtem Taillengebiet fehlte es, wie den meisten Menschen unserer Zeit, vor allen Dingen am natürlichen »Basis«-Atem.

Sehen wir uns die engen Rockbünde, Hosen und Gürtel bei Schulkindern und jungen Menschen mit ihren überlabilen Wespentaillen an: schon bei ihnen fehlt die Kraft und Festigkeit in der Rumpfbasis. Andererseits fehlt bei so vielen Erwachsenen, Männern wie Frauen, die Geschmeidigkeit, weil ihre Lendenwirbel- und Beckenregion versteift und blockiert ist und niemals atmend durchbewegt wird. Die Region unterhalb des Nabels und das Lendenwirbel-Kreuzgebiet erscheint häufig wie auszementiert. Ob überlabil oder starr, in beiden Fällen ist dieses wichtige Wurzelgebiet menschlichen Lebens keiner freien, füllig atmenden Bewegung mehr zugänglich. Der Raum zwischen Bauch- und Rückenwand ist wahrzunehmen, und rundum – also nicht nur im Bauch, sondern auch im Lendenwirbel-, Kreuz- und untersten Rückengebiet – muß die freie Bewegungsmöglichkeit für das Ein- und Ausatmen gefunden werden. In ihren »Mantel«-Geweben muß die Rumpfbasis geschmeidig und reagierfähig für die Atembewegung werden, denn diese ist das Kriterium für eine gute oder ungenügende, vielleicht sogar paradoxe Zwerchfell-Bewegung.

Die Reaktionen beim Lösen unserer »Ventile« in der Bekken- und Kopfregion, Analgebiet und Schlund, werden beobachtet, und zwar sehr bald im Anfang unserer Entspannungskontrollen. Dadurch wird sich der Patient auch des natürlichen Zusammenhanges von Kopf- und Basis-Atem bewußt und hat das polare Einheitserlebnis von Haupt und Basis als Grundlage für Weiterarbeit in der Brustregion.

Beachten Sie bitte: das geschieht ohne jeglichen äußeren Bewegungsanreiz im Liegen; erst späterhin, nach weiteren Vorarbeiten, werden Bewegungsproben vorgenommen. Bevor wir nun im Erspüren der Räume deutlichere und wirksamere Erfahrungen machen können, müssen wir das Ertasten peripherer Gewebe erleben, denn hierbei erst können wir einwandfrei den Unterschied zwischen vorstellendem Denken und ursprünglichem Empfinden erfahren. Wir gehen auch hierbei vom Gröberen ins Feinere – z. B. erst großzügig durch zusammenhängende Gebiete, dann aber gründlicher in Einzelheiten spürend, lauschend wahrnehmend –, wodurch die Qualität unserer Arbeit ganz unvergleichlich gewinnt. Spüren wir z. B. von der Hand ausgehend den Arm entlang zu Schulter und Hals, oder vom Fuß her die Unterseite von Unterschenkel, Oberschenkel und Rückenwand der Basis – auch umgekehrt können wir die Tastwege gehen –, so kommt ein warmes Durchströmtsein, weiches Gewebsempfinden und ein wohliges Ruhegefühl bei den meisten Schülern auf. Einzelheiten fein zu ertasten, z. B. die Hand, den Fuß, die Zunge, das Kiefer- und Wangengebiet – darauf kann ich im Rahmen dieses Vortrages leider nicht eingehen.

Viele sind höchst erstaunt von der Wirkung auf weit größere Gebiete nach einem lokalen Einzeltasten.

Nach einem großzügigen oder auch Einzelteil-Tasten vergleichen wir den Zustand der erspürten Seite mit dem Zustand der anderen. Beim Betrachten fällt uns die hellere Hautfarbe auf; und wenn wir bei geschlossenen Augen den Innenzustand erfragen, so nehmen wir deutlich Unterschiede in Temperatur, Gewicht und in mancherlei anderen Empfindungen wahr. Außer dem stark veränderten Innengefühl empfindet tatsächlich auch die zufassende und streichende Hand das erspürte Gewebe geschmeidiger und leichter.

Bei aller verfeinerten Sensibilität und wesentlich leichter fließenden Bewegung der ertasteten Körperregion – z. B. in Hand und Arm – stellen wir aber bei einer entsprechenden Probe zugleich weit größere Kraft und Leistungsfähigkeit derselben Seite fest. Z. B. unter Stützen dieses Armes, beim Abheben des sitzenden Körpers und bei ähnlichen Kraft- und Leistungsproben.

Dieses erstaunliche, scheinbar sich widersprechende Doppelergebnis in dem neu belebten Gebiet verdanken wir allein dieser stillen, wahrnehmenden Bewußtseinsarbeit.

Bei unseren Vergleichen sind die Eindrücke und Aussagen der Schüler immer unvorhergesehen und überraschend. Denn bei dem Gewebsertasten sind wir in einen Zustand gekommen, der unser Einmischen mit Vorstellungen und Wünschen in den Ablauf des Geschehens nicht möglich macht, wie das so leicht beim Atemraum- und Atem-Bewegungs-Erfühlen geschieht. In diesem beim Gewebetasten gewonnenen absichtslosen Zustand erfahren wir nun die Körper- und Kopfräume mit größerer Sicherheit und Klarheit. Ihnen wenden wir uns nun mit besserem Erfolg als bei den ersten Versuchen zu. Zum Beispiel kann der Basisraum – sofern sich dort keine Schmerzen bemerkbar machen – nun als leerer Atemraum mit seiner elastischen Gewebehülle empfunden werden. Diesen Raum mit seinen Innenwänden – seiner Mantel- respektive Gewebehülle – erspüren wir jetzt sorgfältig in allen seinen Dimensionen. Hierbei aber bemerken wir zu unserer Überraschung, daß über dem Erfühlen dessen, was wir vorurteilslos wahrnehmen und vorfinden, eine bedeutsame Veränderung vor sich geht: die Räume werden weiter, freier, leichter, die Hüllenregionen elastischer und für den Atem bewegungsbereiter. Wohlgemerkt, auch dieses alles geschieht ohne äußeren Bewegungsanreiz; zunächst im Liegen, späterhin im Sitzen, Stehen und in anderen

Situationen. Nur wer es an sich selbst erfuhr, weiß, wie warm und wohlig durchatmet, wahrhaft »eingelebt« und bei sich selbst zu Hause der Mensch nach solcher gleichsam meditativen Bewußtseins-Arbeit sich fühlt.

Nicht nur der Zustand des Entspanntseins wird erreicht – der leider allgemein üblich mit einem Erschlafftsein verwechselt wird –, sondern der Organismus gewinnt einen Tonus, der ebenso fern von der Erschlaffung wie von der Verspannung ist. Es ist eine neue, noch selten erlebte Erfahrung, die uns feinere Empfindungsfähigkeit und gleichzeitig kraftvollere Leistung ermöglicht und dazu erholsame Ruhe und gesunden Schlaf einbringt.

Wo sind wir nun mit unserer Patientin? Eben dies alles, was ich Ihnen beschrieb, hat sie, wenigstens in den Anfangsstadien, erlebt. Schon bei den ersten Lösungen ihrer Verspannungen kam sie in ein wohltuendes Gähnen und Sich-Dehnen. Die atemlockenden Dehnlagerungen nahm sie fühlsam und mit viel Freude vor. Für ihren erschlafften Bauch konnte sie später mit besonderen, den Bauch einziehenden Spannungsübungen, die zugleich das lordosierte Lendengebiet schmeidigten und begradigten, gut umgehen, ohne daß die üblichen Atemverklemmungen eintraten. Den beengenden Hochatem hatte sie sich bald schon abgewöhnt. Mit dem erworbenen Basisatem hatten sich die Schultern gesenkt, waren Hals und Kopf freigeworden, Stuhlgang und Menses waren in Ordnung gekommen und Fuß-, Bein-, Rückenschmerzen verschwunden. Das Gesicht war jung und frisch geworden, die Bewegungen munter und fließend, das Gemüt beruhigt und heiter, und sie ging mit neuer Freude ihren täglichen Verpflichtungen nach. Der Schlaf war längst wieder ausgezeichnet.

Diese in ihrem Seelenleben unkomplizierte junge Frau hatte in kurzer Zeit ihre innere Ordnung wiedergefunden.

Freilich hatte sie mit viel Verständnis zu Hause weiter geübt und hatte sich sorgfältig und feinfühlig kontrolliert; das auch sehr fleißig während einiger Wochen, in denen der Unterricht unterbrochen werden mußte.

So kamen wir in diesem Fall tatsächlich mit einer nur zehnmaligen vom Arzt verordneten Behandlungsreihe zu diesem guten Ergebnis.

Atemtherapeuten wundern sich oft, daß ich nicht mit Atembetrachtungen oder gar mit sogenannten »Atem-Übungen« beginne, sondern eben jenes Gelöstsein erstrebe mit allerlei natürlichen, vom Patienten zu kontrollierenden Mitteln wie Dehnen, Hängen, verschiedenen Dreh-, Wring- und Ausharrungssituationen, Bewegungsproben vor und nach dem Durchspüren und Einleben in der Ruhe, stummes und tönendes Lautbilden. Orthopädische Ausgleichsarbeiten werden im gleichen Sinn vorgenommen. Dazu verwende ich Massagearten, Atemhilfsgriffe und evtl. werden Bäder, Packungen, Diät, Verhalten der Umwelt gegenüber und anderes mehr vorgeschlagen, je nach den Fragen und Anliegen der Patienten. Das Wesentliche bei allem ist das wache bewußte Dabei- und »Drinnen«-Sein, das natürliche Erspüren und Erleben dessen, was wir tun und lassen, und was da – zu unserer Überraschung – vor sich geht und sich verwandelt. Diese unsere bescheidene Lösungsarbeit ist eine psychosomatische und führt uns ganz von selbst in tiefere seelische und geistige Schichten unseres Wesens hinein.

Das Empfindungsvermögen – dieser Ursinn allen erschaffenen Lebens – der uns weitgehend zugunsten intellektueller Übung verlorenging, muß wieder geweckt werden. Verstandes- und Willensleben sollen wieder den Einklang mit der Sphäre unseres vegetativen und Gemütslebens finden. Unsere Atem-, wie jede Körperbewegung, sollte ja vom innersten Impuls ausgelöst und dürfte nicht »gemacht« werden.

Von den Fehlspannungen und Selbsthemmungen einer Atem- und Bewegungsmache müssen wir loskommen. Wir bekommen durch geordnetes Wahrnehmen und Vergleichen bessere Selbstkenntnis, gewinnen den notwendigen Abstand von unserem Ich und dringen allmählich tiefer vor zu unserem eigentlichen Selbst, welches dasselbe ist in allen Menschen.

Atem in der Mitte

Vortrag zum 2. Internat. Atemkongreß der AFA (Atem-Forschungs-Arbeitsgemeinschaft) am 27. April 1963 in Freudenstadt

Atem in der Mitte: »Der ganze Mensch atmet mit allen seinen Zellen.« Was verstehen wir denn, wenn wir den Atem in der »Mitte« erfahren und einen Weg finden wollen, der zu diesem Erleben hinführt – was verstehen wir unter »Atem in der Mitte«?

Für die Mitte haben wir einen körperlich-räumlichen und einen seelisch-geistigen Aspekt; und praktisch sind beide nicht voneinander zu trennen. Das merken die Schüler schon bei unseren allerersten Proben. Denn ursprünglich ist der Mensch ein ganzheitliches Wesen, und je früher und klarer wir uns dessen bewußt werden, desto feiner und weiterreichend wird das Ergebnis unserer Arbeit sein.

Jetzt wollen wir zunächst den körperlichen Aspekt betrachten.

Viele von Ihnen kennen das Buch »Hara, die Erdmitte des Menschen« von Prof. Dürckheim. Ehe ich hierher nach Freudenstadt fuhr, habe ich einen Menschen mit dem Zollstab gemessen. Und tatsächlich fand ich: das Haragebiet ist in der Mitte zwischen Sohle und Scheitel. Freilich suche ich dieses Haragebiet unterhalb des Nabels nicht nur vorn in der Bauchdecke, sondern ebenso gegenüber, im Kreuzgebiet. Übrigens: es in der unteren Bauchdecke zu finden ist wichtig, denn gerade diese Region ist bei den meisten Menschen überhaupt nicht atem-bewegt. Selbst bei sogenannten Bauchatmern finden wir das Gebiet zwischen Nabel und Symphyse häufig wie erstarrt. Und ich beachte diese Becken-Region – die ich die Basis nenne – nicht nur von vorn, sondern sogleich auch von hinten: im Feld von Steiß- und Kreuzbein und unteren Lendenwirbeln, und komme damit den Atem-Ursachen mannigfacher Kreuzschmerzen auf die Spur. Außerdem ist es wichtig, daß wir nicht nur im Haut- und »Hüllen«-Gebiet, sondern in seinem Innenraum unsere Atembewegung entdecken.

Wir haben einen sehr großen, weiten Atemraum – nicht nur den in der Lungenregion. Wie wesentlich dieses Raumempfinden auch für unsere Bewegungsfreiheit ist, davon will ich später noch berichten.

Wenn Sie zunächst festhalten wollen: Zwischen Bauch- und Rückenwand – und ebenso in dieser Region von Seite zu Seite – ist ein Raum, in dem wir die atmende Bewegung ganz wunderbar erleben können. Die Taoisten, die alten Chinesen, die kein anatomisches und physiologisches Wissen in unserem Sinne hatten, nannten rein nach ihrer Körper-Erfahrung diese Gegend »das Atem-Meer«.

Atemfachleute und Physiologen bitte ich, sich nicht an solcher Ausdrucksweise zu stören. Im Unterricht spreche ich selbst gerne in Bildern, und erwarte auch Schüleraussagen aus ursprünglichem Beobachten und Erleben, unabhängig von ihrem anatomisch-physiologischen Wissen. Die Schüler können schneller zu ihren natürlichen Wahrnehmungen finden, wenn ihnen selber dabei bildhafte Vorstellungen kommen. Wenn Schüler fragen: »Ja, wie kann man denn in dieser Tiefe da unten atmen?« dann sage ich zunächst: »Warten Sie nur bitte, die Erklärung kommt später. Versuchen Sie, Ihr anatomisches Wissen jetzt zu vergessen und ganz naiv nur Ihren atmenden Körper zu erleben«.

Die Taoisten nannten wunderbar bildstark diese Region in Höhe des Kreuzbeins das »Atem-Meer«. Vor Jahren sah ich einmal eine Abbildung des Körper-Inneren, die darstellte, wie die alten Chinesen die Vorgänge im Körperraum erlebten, und zwar vom Beckenboden bis zum Scheitel des Hauptes, und einige der Bildteile haben mich so stark beeindruckt, daß ich sie nie vergessen werde. – Das Atem-Meer in seiner Bewegtheit ist im unteren Leibraum. Da wir aber polar organisierte Gebilde sind, so gehört zu dieser unteren, vorwiegend das Vegetativum belebenden Region der obere Pol, die Kopfregion. Aufschlußreich ist, daß auf dem chinesischen Bild der Scheitelbereich dargestellt ist durch eine buddhaähnliche Gestalt. Dieses innere Gesicht der Taoisten entspricht der Entdeckung einiger Phrenologen, die im Scheitelgebiet des Hauptes das religiöse Zentrum fanden. Im Yoga sind die Lebenskraftzentren, die Chakras, bekannt. Sie entsprechen kurz angedeutet der taoistischen Schau: Erde und Wasser unten, Licht und Himmel oben.

Zwischen diesen beiden Polen – wiederum in der Mitte – liegt die Herz-Lungen-Region. Herr Dr. Ludwig Schmitt sagte in seinem Vortrag, daß hier »das Feld der Auseinandersetzung zwischen Oben und Unten« liege, zwischen Intellekt und ursprünglicher Natur. Allerdings ist Intellekt nicht gleichzusetzen mit der Scheitelregion im Haupte, dem religiösen Zentrum, sondern Intellekt wohnt in Stirnhöhe, dem Feld des Verstandes und der Vernunft. Hier haben die Taoisten folgendes Bild: es sitzen dort verschiedene Menschen, wie Mönche etwa gekleidet, und schauen hinauf in Anbetung des hohen Buddha-Bildes, das über ihnen steht.

Wie fern waren die damaligen Menschen dem Intellektdenken unserer Zeit. Heute würden wir in diese Stirnhöhe im Bild Gelehrte mit Brillen setzen, vielleicht in Büchern lesend.

– Und im »Feld der Auseinandersetzungen«, in Herz- und Lungenhöhe? Wie entscheidet unser Herz? Wie regt sich der ans Herzempfinden gebundene Atem? Und wie findet diese innere »Mitte« den Einklang zwischen Oben und

Unten? Im taoistischen Bilde steht im Herzrevier ein Knabe, der Goldstücke, geläutertes Herzgold, nach oben wirft!

Nun, es ist uns wirklich notwendig, wieder zu ursprünglichem Entdecken und Erleben aus der Ganzheit unseres Wesens zu kommen, und besonders zum Atem-Erleben, da das Atmen in jeder Weise Mitte und Mittler ist zwischen dem »Atem-Meer« und unserem feinsten »Geistes-Atem«!

Die beiden Pole, Rumpfbasis und Haupt, besonders zunächst beide in bezug auf ihre atemsperrenden und atemlösenden Schließmuskel-Gebiete, haben bald unser erstes Interesse in der Praxis des Unterrichts. Vom Brustraum sehe ich vorerst ab, weil meist gewohnheitsmäßig der Atem hochgezogen wird, sobald wir an dieses Gebiet auch nur erinnern.

Sie werden sich vielleicht wundern – ich sehe im ersten Unterricht nicht nur vom Brustkorb, sondern sogar vom Atem selber ab. Ich habe gesehen, daß der Atem gleichsam ein vollkommen freies Wesen ist. Er könnte überall hin, wenn wir ihn überall hin ließen. Um das geht es. Mit anderen Worten: Die Fehlspannungen, Versteifungen, Blockierungen, die wir in unserem Organismus haben – und nicht nur in der Muskulatur, sondern auch im autonomen System und im seelisch-geistigen Bereich – sie sollten erst einmal gelöst werden, damit der Atem überall ankommen und seine Räume frei erfüllen kann. Und nicht zuletzt, gleich im Anfang gilt es, von Druck und falschen Spannungen nicht nur das periphere Körpergewebe zu befreien, diese äußere »Hülle« rund um unseren »Atemraum«, sondern auch die Hüllen, mit denen wir unsere Körperhülle noch umkleiden. Die fleischliche Gewebehülle ist das erste Kleid um den Atemraum, die darum gelegte oder geschnürte und gepreßte Hülle aus allerlei Stoffarten, ist das andere Kleid. Und wenn diese Bekleidung nicht jegliche Atemfreiheit erlaubt, kommen wir nicht weiter.

Ich will Ihnen sagen, daß wir als Atempädagogen und -therapeuten in bezug auf die Kleidung diplomatisch mit unseren Schülern vorgehen müssen. Sie hängen fast alle erstaunlich zäh an ihren Miedern, engen Gürteln und Gummibünden. Wir müssen uns zunächst bescheiden, Bünde der Trainingshosen während des Unterrichts zu öffnen oder längere Gummibänder einziehen zu lassen, bis das Atemerlebnis so stark geworden ist, daß es die Schüler nicht mehr hält in ihrer festen Kleidung, in den engen Taillen und Gürteln und den falsch geformten Strumpfhaltern, und bis sie dann selber sagen: »Ich kann nicht begreifen, daß ich das so lange ausgehalten habe«. – »Aber das hat mir ja noch nie jemand gesagt«, fügen sie meistens hinzu.

Wir wissen, daß sich das Atemausmaß nach Weite und Tiefe sowohl körperlich-räumlich betrachten läßt als auch seelisch-geistig. Aus unserer einfachen räumlich-körperlichen Arbeit ergibt sich aber schon die seelisch-geistige Wirkung mehr oder minder klar je nach der Anlage des einzelnen. Es zeigt sich dabei, wer für die vertiefte, die geistige Atemarbeit aufgeschlossen ist. Ich will Ihnen im voraus sagen: Diese Arbeit, wenn sie vom Lehrer ganz einfach und bescheiden angefangen und auch vom Schüler ganz einfach und bescheiden begonnen wird, kann uns bis in unser tiefes Selbst hinein leiten. Es kann eine Selbst- und Menschenkenntnis daraus erwachsen, die fruchtbar ist. Und dieses weite *Selbst*, das sich während der Lösungs- und Atemtherapie mehr und mehr erschließt, das ist die eigentliche *Mitte* unseres Atems, denn es ist die Mitte unseres Wesens selbst.

Und wieder muß ich an die Taoisten denken. Das Wort »Tao«, wie ist es deutsch zu übersetzen? Vor Jahrzehnten las ich eine Übersetzung für Tao: Das Durch-Sich-Selbst-Seiende. – Und wir, in unserer Zeit, in unserem Kulturkreis, wir haben ein ganz ähnliches Wort für dieses Tiefste, Höchste, im Grunde nicht Faßbare, aber wahrhaft zu Erlebende. Hören Sie einmal auf diese innere Verwandtschaft:

Tao, Das Durch-Sich-Selbst-Seiende ... und wir: wenn wir von dem Wort »Gott« absehen wollen, das für viele keine Plastik und keinen Inhalt mehr hat, wir haben das Wort: Ich Bin Der Ich Bin – Des Behandlers Bewußtsein von dieser Wesenseinheit des Menschen bildet – ob der Schüler darum weiß oder nicht – die stille Grundlage für seine Arbeit mit dem Menschen.–

Und unser Weg dazu? Es heißt immer: »Im Teil liegt bereits das Ganze.« Folglich, wenn wir ein gewisses Bewußtsein vom Ganzen haben, so wie ich es andeutete, dann sollte schon im ersten Beginn, in jedem Teilchen dieser Arbeit zumindest ein Ahnen oder Spüren vom Ganzen wahrzunehmen sein.

Ich will Ihnen etwas von den ersten Proben mit unseren Schülern erzählen: Wenn ein neuer Schüler oder Patient vor mir steht, sage ich manchmal zu ihm: »Wir sind hier im Westerwald. Spüren Sie doch, Sie atmen diese wunderbare Waldluft ein!« Wie er diese Luft eratmet, daraus können Sie jetzt seine Vorbildung in bezug auf die Atmung sehen. Wer sich schon gewissenhaft mit ihr befaßt hat und denkt, daß er jetzt »voratmen« sollte, der atmet außerordentlich vorsichtig, damit er ja keinen Fehler macht. Das ist bereits ein Ausdruck seines Gehemmtseins. Ein anderer, der sich seiner Sache sicher glaubt, pumpt gewaltig in die Flanken oder in den hohen Brustkorb; Schultern hoch, vielleicht sogar Bauch hinein: »Brustatmung«! – »Gut, danke«, sage ich. Ich fange aber nicht an zu korrigieren: »Sie müssen anders atmen.« Denn der Schüler muß zunächst selbst die Art des ihm eigenen Fehl-Atmens entdecken können.

Wenn er dann auf dem breiten Tische liegt, fordere ich ihn auf, so gut wie möglich zu entspannen. Daran sehe ich, was er unter »Entspannung« versteht. Jemand, der sich darin geübt hat, liegt gewöhnlich schlaff. Oder er liegt in der starren Yogi-»Totenlage«. Oder, wer von all dem nichts weiß, liegt mit mehr oder minder beibehaltenem Hartspann. – Die meisten denken, sich erschlaffen zu lassen sei das beste Entspannen. Wirklich können wir zweierlei unter Entspanntsein verstehen: Erschlafftsein und Gelöstsein. Es sind zwei vollkommen verschiedene Zustände! In gelöstem Zustand liegen Schüler, die rasch reagierbereit sind, oft schon nach kurzem Üben. Das sieht dann ganz anders aus. Hier ist kein Erschlafftsein, hier ist Leben und Atem zu sehen! Und aus diesem gelösten Atem – nicht nur physisch, auch seelisch-geistig erfahren – erwächst jede Leistung, nicht aber aus einem Atem im erschlafften Zustand. – Aus dem erschlafften Liegen muß sich der Schüler mit irgendwelchen Spannungsmanövern herausholen. Das ist im gelösten Zustand nicht nötig, da folgt der Körper aus der Ruhelage leicht und glatt unseren Bewegungsimpulsen.

Wenn unser Patient jetzt liegt, und ich sehe wie er liegt – ob erschlafft, ob erstarrt, ob gelöst – und entsprechend ist seine Atmung –, dann weiß ich schon eine ganze Menge von ihm. Doch er selbst weiß es noch nicht. Er soll aber nun von Anfang an bewußt beteiligt sein an dem, was wir tun. Er soll nicht Übungen eingedrillt bekommen, sondern von Anfang an wird er angehalten selbst wahrzunehmen, zu beobachten, zu vergleichen, um ein eigenes Urteil gewinnen zu können. Das Beispiel einer ersten Erfahrung: Patient in Rückenlage, ich stehe hinter ihm, nehme seinen Kopf ruhig in meine Hände, wäge und bewege ihn sehr langsam und spüre, ob Hals und Kopf Ruhe haben. Bewegt der Patient den Kopf selbst, indem er errät, in welche Richtung ich den Kopf führen will, oder wenn er eine Gegenbewegung macht oder zuckt, dann ist er also nicht »gelöst«. Am Kopf und Hals merken die meisten Menschen ihre Verspannungen schnell, darum fange ich manchmal gerne mit der Kopfprobe an. – Wenn Arm oder Bein vorgenommen werden, wäge ich ebenso leise und spürsam und merke, ob der Schüler drückt, bockt, hebt oder dreht, und wenn er das alles nicht tut, spüre ich, ob der mir überlassene Körperteil mit einem plumpen Schwergewicht auf meiner Hand liegt, also erschlafft ist. Im gelösten Zustand sind die Zellen durchatmet, die Gewebe durchströmt; der Atem trägt, der Körper hat ein anderes spezifisches Gewicht. Das läßt sich später auch bei Bewegungsproben fühlen und sehen. Es wird aber nicht jeder Behandler sofort alle die Unterschiede feststellen können. Denn zwischen Erschlaffung und Verspannung liegen viele Tonusgrade, die oft vom Behandler und erst recht vom Patienten zunächst nicht bemerkt werden.

Wie erreiche ich nun des Schülers Mitarbeit, das Bewußtwerden seiner Fehlspannungen? Ich frage ihn: »Wie ist es, hat Ihr Arm volle Ruhe? Ist er entspannt?« Mit Absicht gebrauche ich erst dieses Wort, weil er vom Zustand des Gelöstseins ja noch keine Erfahrung hat.

»Ich denke schon«, sagt er, »ich mache ja nichts damit.«

»So, Sie machen nichts damit?« Nun hebe ich den Unterarm langsam und lasse meine Hand los – er steht in der Luft. »Wer hält jetzt den Arm hoch, ich oder Sie? Schauen Sie mal hin!« Dann stelle ich die Aufgabe: »Augen bitte wieder schließen. Wenn Sie jetzt spüren, daß Sie etwas mit dem Arm tun, dann sagen Sie ›Hm‹ oder ›Jetzt‹ ... Aber bitte keine Reden halten!« Die Patienten halten sehr gerne Reden: »Jetzt habe ich ja doch wieder was gemacht, ich habe gar nicht gewußt, daß ich so unruhig bin« usw ... Und was glauben Sie, wie lange man oft warten muß, bis ein ›Hm‹ kommt! Das erreichen wir nicht bei jedem Schüler in der ersten Stunde.

Nun aber nehme ich eine Becken-Löseprobe bei ihm vor. An einer Seite des Patienten stehend hebe ich mit beiden Händen das Becken eben an dieser Seite etwas an und lasse es äußerst langsam sinken. Ich fordere ihn dabei auf, dieses Sich-Sinkenlassen gut wahrzunehmen und sich dann zu fragen, ob ihm dieser absinkende Zustand weiterhin spürbar ist. Und zwar unabhängig von meinen Händen, die ich so langsam zurückziehe, daß er nicht merken kann, wann die Hände loslassen und die Bodenberührung beginnt. Ist dieser sinkende Zustand einmal eingetreten, so bleibt er bei vielen Patienten bereits während dieses ersten Versuchs noch längere Zeit bestehen. Und das erst ist das Merkmal einer nun einsetzenden besseren Entspannungsmöglichkeit. Der Vergleich mit der anderen Beckenseite fällt sehr deutlich und höchst überraschend aus. Selbstverständlich wird diese Beckenprobe – wie alle anderen ersten Versuche – zunächst einseitig vorgenommen.

Viele Patienten und Schüler bekommen erst nach solcher Erfahrung im Beckengebiet ein deutliches Empfinden für wachbewußtes Loslassen ihrer Fehlspannungen. Und dieses hilft ihnen beim fühlsamen Sinkenlassen, Abgeben, Niederlassen der anderen Körperteile: z. B. im unteren Rippengebiet, Schultergürtel, Kopf und in den Gliedern.

Auch das Gefühl des Hängenlassens kann uns helfen, indem wir den Ärmel des Patienten anheben und den Arm darin hängen lassen wie in einer Hängematte – ebenso das Bein durch Anheben der Hose. Dieses Hängenlassen ist gleich dem Sinkenlassen, dem Sich-Niederlassen, dem Abgeben des Eigengewichts. Wenn diesem Geschehen sich der Schüler nicht passiv überläßt, sondern innerlich wach und spürsam dabei bleibt, so wirken sich solche einfachen ersten Proben bereits als ein wichtiges seelisches Erlebnis aus. Er läßt nicht nur seine Fehlspannungen los, sondern sein eigenwilliges Ich läßt er nun einmal los und kommt in einen Zustand der Ruhe und des Bereitseins, des Offenseins für ein ihm noch unbekanntes Geschehen.

Es stimmt also: Im Teil liegt bereits ein Ganzes verborgen.

Nach solchen Versuchen, selbst wenn sie noch nicht vollständig gelingen, fühlt sich der Patient deutlich beruhigt und im ganzen Wesen harmonisiert.

Gern lege ich Dehnungshilfen ein, vor allem mit dem Bein, weil bei Armdehnung die gewohnheitsmäßige Hochatmung zunächst nicht zu vermeiden ist. Die Dehnung des Beines muß ich mit äußerster Langsamkeit sehr fühlsam vollziehen. Auf diese Weise bleibt das Empfindungsvermögen des Patienten wach, und er kann sich schon während des Dehnungsvorganges allmählich besser lösen. Dieses phasenhafte Loslassen muß der Behandler wahrnehmen und zur allmählich weitergeführten Dehnung ausnutzen. Er beobachtet hierbei auch die unwillkürlichen Atemreaktionen des Patienten.

Gelegentlich kann er ihn schon befragen: »Haben Sie wohl selbst bemerkt, wie jetzt Ihr Atem sich verändert hat?« Häufig kommt da bereits eine positive Antwort. Dann aber frage ich, in welcher Region er die deutlichste Atembewegung empfindet. Ist er schon gut zur Ruhe gekommen, so hat er die Atembewegung in der »Basis«, d. h. im Bauchraum.

Nun aber soll er sich in die Bauchlage drehen, um diese Basis in ihrer Rundung wahrnehmen zu können. Ich frage: »Wo finden Sie wohl jetzt die deutlichste Atembewegung vor?« Gewöhnlich heißt es: »Wieder im Bauchraum.« Sehe ich aber, daß der Schüler ein wenig Atembewegung schon im Kreuz-Lenden-Gebiet hat, lasse ich seine Hand dorthin legen. Für die meisten eine vollkommen neue erstaunliche Entdeckung: »Kann man dort hinten wirklich atmen?«

Auch solche und ähnliche Atemfragen dienen im allgemeinen unserer ersten Orientierung.

Trotzdem mache ich oft die Erfahrung, daß Schüler oder Patienten, die ein relativ gutes Körperempfinden mitbringen, schon nach solchen ersten Versuchen befreit aufatmen und während einiger Vergleiche klare Aussagen über das Wahrgenommene bringen können.

Dabei denke ich auch an eine Patientin, die ohne jegliches Fachwissen in bezug auf Körperschulung und Atmung zu mir kam, sofort nach diesen allerersten Maßnahmen deutliche körperseelische Befreiung erlebte. Bei ihr lagen die Störungen – wenn auch bisher unerkannt – vor allem auf seelisch-geistigem Gebiet.

Als vorzeitige Rentnerin war sie tief deprimiert über ihr berufliches Versagen und dazu noch verzweifelt, weil ihr Freund sich mehr und mehr von ihr abwandte. Eine Zeitlang hatte sie nicht einmal mehr gehen können. Noch heute hatte sie schwere Beine, eine Obstipation, die mit Mitteln nicht mehr zu beeinflussen war, Kreuz- und Rückenschmerzen, sehr viel Kopfschmerzen und vor allem eine so schmerzhafte Bedrängung hinter dem Brustbein, daß sie nur schwer und gleichsam asthmatisch atmen konnte. Kaum hatte sie die ersten Lösungen in den Glieder- und Beckenproben erlebt und entdeckt, daß man in dieser »Basis« atmen konnte, kam eine Befreiung und ein solches Glücksempfinden in ihr auf, daß sie es selbst kaum begreifen konnte. Wir sprachen über die Zusammenhänge zwischen ihrer Atembedrängnis und dem befreienden Basis-Atem, der ihr spontan die Brustkorb-Schmerzen genommen hatte und zugleich auch die Darmbewegung regulierte, die Kreuzschmerzen behob und bewirkte, daß jetzt die Beine leicht und beweglich empfunden wurden. Über diese vielfältige und schnelle Wirkung war sie so erstaunt und wirklich ergriffen, so daß ihre Stimme plötzlich einen ganz anderen Klang hatte. Die etwas affektierte Art ihres Sprechens, die sie vor dem ihr jetzt neuen gelösteren Zustand gehabt hatte, und in die sie vermutlich noch gewohnheitsmäßig zurückfallen würde, brachte ich ihr ins Bewußtsein. Solche merkwürdige Formung der Laute, die ihr eigen war, zeugte davon, daß sie anders und mehr erscheinen wollte als sie war.

Dieses Phänomen, das wir nicht selten bei unseren Patienten vorfinden, zeigte tiefere seelisch-geistige Veränderungen auf, die das Verhalten im täglichen Leben stören und unecht machen. Auf solche schnellen Ersterfolge, die unter günstigen Umständen eintreten, muß natürlich eine gründliche Aufbauarbeit in mehreren Lehrgängen erfolgen. Diese bringen dem Schüler und Patienten vertiefte Einsichten, die ihm im täglichen Leben und in der Beziehung zu den Mitmenschen eine allmählich immer sicherer werdende Wandlung ermöglichen.

Zudem ist es dringend notwendig, das versteifte, von Stoffwechsel-Schlacken belastete »Mantel«-Gewebe zu bearbeiten, bis es ein geschmeidiges Reagieren auf zufassende und abhebende Griffe zuläßt.

Zu früh mit größerer Genauigkeit an den Atemvorgängen zu arbeiten, wäre ein Kunstfehler. Sie wissen alle, wie schnell sich der Mensch in seinen Atemvorgang einmischt, sobald er ihn beobachtet. Sofort ist der Atem anders, und man weiß nicht mehr, wie er war. Von der speziellen Atemkontrolle sehen wir also ab, bis durch andere Vorarbeiten der Schüler imstande ist, seinen Atem so zu betrachten, daß er merkt, wie »ES« atmet, ohne daß er den Zustand während der Kontrolle verändert. Dann erst kann er die ihm eigene unwillkürliche und zumeist doch fehlgesteuerte Atemweise kennenlernen.

Eine solche Erfahrung wird am schnellsten und besten in

dem sogenannten »Gewebetasten« gemacht. Das heißt, wir erspüren z. B. unsere Wange oder unsere Innenhand und können dabei das Ergebnis nicht voraus wissen oder willentlich erzeugen, sondern wir lernen, uns absichtslos dabei zu verhalten. Hier ist uns ein Zustand bewußt geworden, der es uns ermöglicht, auch unseren Atem absichtslos kommen und gehen zu lassen, und sind nicht mehr in der Gefahr, ihn unwillkürlich oder willentlich zu verändern. Dieses Gewebetasten ist in dem Artikel über die Schlafstörungen ausführlicher beschrieben.

Es folgen dann allerlei Lage- und Situationsveränderungen, zunächst in der Ruhe, wobei wir unseren Atem in den verschiedenen Regionen des Körpers spielen und wirken fühlen und ihn bald auch kennenlernen während körperlicher Bewegung und in den sich regenden Gemütsverfassungen und Gedankenabläufen im täglichen Leben.

Hier denke ich noch an ein junges Mädchen, das ihrer schlaksigen, steifen, unkoordinierten Bewegungen wegen in der Krankengymnastikschule nicht aufgenommen werden sollte. Sie hatte kein Gleichgewicht, schwachen und bedrängten Atem, war scheu und depressiv; hatte keinerlei Selbstvertrauen. Geistig dagegen war sie besonders feinsinnig veranlagt und ging auf unsere Arbeit mit dem Verständnis des Menschen ein, der die körper-seelische und geistige Einheit unserer Arbeit intuitiv erfaßte. Sie erreichte binnen 6 Wochen eine Glätte und Geschmeidigkeit in der Bewegung, über die sie sich selbst wunderte und freute. Scheu und Angst waren mit allerlei anderen psychischen Hemmungen verschwunden. Es begann für sie ein neues Leben. – In der Krankengymnastikschule wurde sie nun ohne weiteres aufgenommen.

Bei vielen, die weniger Fähigkeiten mitbringen, dauern die Übungszeiten – in mehr oder weniger langen Abständen vorgenommen – länger, und oftmals sind wir auch mit bescheideneren Ergebnissen zufrieden.

Und was verstehen wir nun unter dem Thema dieses Vortrages: »Atem in der Mitte?« Wir sahen, daß, wie ich im Anfang sagte, die Körperregion in unserem Basisraum in Höhe des Kreuzbeins ein Mittengebiet unseres Atems ist, den wir dort als unseren »Gelassenheitsatem« erfahren. Ist die Atmung schlüsselbeinwärts gezogen, so erleben wir sie als unseren »Erregungsatem«.

Normalerweise ist es so: Während wir das bewegte Atem-Meer in der Basis erleben, empfinden wir im Raume des Brustkorbes einen feinluftigen weiten und freien Zustand, nicht aber die pumpende Bewegung des Erregungsatems. Auch kennen wir nun die unmittelbare Verbindung von Basis und Haupt, erfahren die leicht gewordenen Glieder, und im stillen, absichtslosen Zustand können wir erleben: Es atmet der ganze Mensch mit allen seinen Zellen.

Im tiefsten meditativen Zustand aber, in der Kontemplation, können wir das eigentliche Wesenserlebnis dieses feinfluidalen Agens, das wir »Atem« nennen, noch anders erfahren. In dieser vollkommenen Atemstille gibt es weder eine körperliche noch eine seelische Mitte. Wir sind eins mit unserem tiefsten und höchsten »Selbst«. Wir sind wesenseins mit Tao, dem Durch-Sich-Selbst-Seienden.

Nachwort

In diesem schriftlich stark erweiterten Vortrag wurden erste Proben mit Patienten ausführlicher dargestellt, und zwar vor allem im Hinblick auf diejenigen meiner Schüler, die bereits therapeutisch arbeiten und die Lösungs- und Atemtherapie weiterzugeben versuchen. Diese wissen, wie immer und unbedingt von der Besonderheit des Patienten und von der jeweiligen, nie ganz wiederholbaren Eigenart der Situation ausgegangen werden muß.

Wer aber die dargestellten ersten Proben als Rezept benutzt, das allenthalben so, wie es ist, anwendbar wäre, geht am eigentlichen Sinn der Lösungs- und Atemtherapie vorbei und kann ihre Wirkung aufheben oder gar ins Negative wandeln.

Die häufig ohne genügende eigene Ausbildung und Vorbereitung an andere Menschen, an Institute weitergegebene Übungsweise, die propagiert wird als »Lösungs- und Atemtherapie nach Schaarschuch«, hat natürlich ihren Charakter verloren.

Lösungs- und Atemtherapie bei Schlafstörungen

1. Teil

Bei krankengymnastisch zu behandelnden Patienten sind Schlaflosigkeit, ungenügender oder gestörter Schlaf vielfach Begleiterscheinungen der ärztlich diagnostizierten Erkrankung. Und wird, wie ich es tue, die Lösung unbewußt verlaufender Verspannungsgewohnheiten und damit die Atembefreiung als unentbehrliche Grundlage unserer Arbeit vorgenommen, so ist Schlafstörung oftmals eines der Symptome, das mit am ersten verschwindet. Mit dem wiedergewonnenen Schlaf werden die organischen Gesundungsbedingungen natürlich stark begünstigt. Werden aber bei fehlendem organischen Befund Schlaflosigkeit und Nervosität als Hauptsymptome vom Kranken angegeben, so ist über die Auslösung besserer Ruhe-, Atem- und Schlafbereitschaft dem Behandler ein Weg gegeben, der ihm zwanglos und unauffällig Zugang zu den seelischen Schwierigkeiten des Patienten verschafft. Der kranke Mensch vermag in der wohltuenden Besinnungsruhe einer Entspannungsbehandlung manches zu äußern, was er sonst nicht leicht preisgeben kann. Auch ist es ein Charakteristikum unserer Atem- und Lösungstherapie, daß sich latente Organschäden oder Disfunktionen melden, die nun als Ursache des schlechten Schlafes erkannt werden. Häufig kommen frühere Erkrankungen, die nicht ausgeheilt wurden, ins akute Stadium, und andererseits verschwinden durch Angstzustände genährte Empfindungen.

Meine vielgestaltige und individuelle Arbeitsweise ist hier nur andeutend aufzuzeigen. Denn diese Entspannungs- und

Atemtherapie beruht nicht auf einem Übungsstoff, der schematisch weiterzugeben wäre. Mit wachem Empfindungsvermögen, immer neuer Fühlungnahme und Lernbereitschaft will diese Arbeit variiert sein. Und das von beiden Seiten: vom Behandler, der zugleich ein Lehrender und Lernender sein muß, und vom Patienten, der zunächst beobachtend, empfänglich und bald selbstschöpferisch sich verhalten sollte.

Wesentlich ist, daß hier Gelöstheit und Atemfreiheit während einer Ruhetherapie gefunden wird, bei der keinerlei Befehlsformeln gegeben und keine halbhypnotischen Zustände erzeugt werden, aus denen der Übende sich, unter Umständen sogar mit ärztlicher Hilfe, wieder herausfinden muß, wie das in den Suggestiv-Methoden der Fall ist. Sondern es wird dem Patienten ermöglicht, in gesammelter Wachheit günstige und ungünstige Situationen und körperseelische Reagierweisen wahrzunehmen, zu vergleichen und zu beurteilen. Er kann auf diesem Weg seine echte Atemnatur und das ihm mögliche Ungestörtsein in der Gelöstheit wiederfinden.

Für den Kulturmenschen unserer Zeit ist das aber durchaus nicht ganz einfach. Durch die Abspaltung seines Intellekts und seiner Willenskraft vom vegetativen Zell- und Empfindungsleben ging dem abendländischen Menschen das Bewußtsein organischer Einheitlichkeit verloren, und in bezug auf sein körper-seelisches Bewegtsein wurde er tief unwissend und instinktunsicher. Sein empfindendes Bewußtsein für organische Zusammenhänge ist abgestumpft und schwer gestört. Es neu zu erwecken, zu ordnen und zu klären ist eine der nächstliegenden Aufgaben unserer Lösungs- und Atemtherapie.

Die meisten Patienten merken bereits bei einer ersten gründlichen Löse- und Atemkontrolle, wie oberflächlich und unsicher allein schon ihr peripheres Körperempfinden ist. Auch solche spüren das nun, die meinten, »schon richtig entspannen« zu können. – Es kommt vor, daß nach schweren Erkrankungen des zentralen oder vegetativen Nervensystems das Körpergefühl ausfällt oder auf abnorme Weise verändert ist. Aber von solchen einzelnen Fällen abgesehen, gelingt es in der krankengymnastischen Praxis – mit Hilfe bestimmter, prüfender Entspannungs- und Atemhilfsgriffe und unter den vergleichenden Beobachtungen des Patienten selbst – ihm unwillkürliche und unerwünschte Fehlimpulse und Fehlspannungen deutlich bewußt zu machen. Das sind Bewegungsimpulse, die entgegen dem Wunsch, jetzt Ruhe zu finden, im Patienten gleichsam verselbständigt arbeiten. Der Arm z. B. zuckt oder hebt sich, wenn er auf der leise wägenden Hand des Behandlers ruhen sollte; der Kopf drückt oder dreht, das Bein stemmt sich und »bockt«. Oder die Glieder liegen schlaff, mit einer plumpen, sonderbar fühllosen Schwere auf unserer prüfenden Hand. Dieser Erschlaffungszustand der peripheren Muskulatur zeugt wiederum von Verspannungen tiefliegender, großenteils autonomer Muskelgruppen, die zunächst von der Atem- und Sprechweise, von Mimik, Hautfarbe und vom Gesamtverhalten abzulesen sind.

Die unerkannten und beunruhigenden Fehlspannungen, die nur im Unter- und Übertonus der Muskulatur, auch der glatten, sich zu vollziehen scheinen, korrespondieren mit Disfunktionen in Atmung, Kreislauf und Drüsensystem. Sie nehmen deutlich die Wechselbeziehung zu den zur Erkrankung disponierten Organen auf und führen nach längerer gewohnheitsmäßiger Einwirkung zu klinisch nachweisbaren Schäden. Die Dystonien gehen im allgemeinen mit seelischen Störungen einher und sind dann nicht nur an die Gemütszustände gekoppelt, sondern auch an die Gedankensphäre des Menschen.

Die Fehlspannungen beruhen auf nicht abgeklungenen, immer wiederholten, psychosomatischen Spannungsreizen. Die erhöhte Spannung wechselt nicht mehr im ausgleichenden Sinn mit lösender Bewegung oder mit Ruhe ab. Haben dann diese Fehlfunktionen ein gewisses Maß überschritten, das heißt: folgte Reiz auf Reiz, ohne daß der geplagte Organismus rechtzeitig seinen Normaltonus wiederherstellen konnte, so automatisieren sich diese Spannungsimpulse. Sie entziehen sich unserer Bewußtseinskontrolle, laufen unwillkürlich und unbewußt ab und erscheinen zunächst als sogenannte Nervositäten, als Reizbarkeiten oder Ängste.

Einige sichtbare, vom Körperlichen ablesbare Beispiele: Fingertrommeln, Beinewippen, Knie zusammendrücken, Hals versteifen, Wirbelsäule festhalten, Gesäßmuskeln verkrampfen, Atem schlüsselbeinwärts ziehen, Sprechstimme monotonisieren, Stirne falten, Schultern hochziehen, Zehen in die Höhe strecken. Einige Beispiele von deren Auswirkungen: Die hochgezogenen Zehen begünstigen stark die Spreizfuß- und Hammerzehbildung. Das Zueinanderpressen der Gelenke begünstigt Arthrosen und Diskopathien. Muskelhärten, durch Dauerspannung entstanden, bewirken Stoffwechselstörungen und Gelosenbildungen, besonders oft im Schultergürtel- und Beckengebiet. Sie lösen – mit anderen Ursachen zusammen – Neuralgien, Kreislaufstörungen und sogenannte »Rheumatismen« aus. Verkrampfungen und die unlösbar damit verbundenen unorganischen Atemfunktionen haben den stärksten Einfluß auf eine Unzahl von Dystonien und Erkrankungen der Körperorgane; z. B. auf Störungen des Verdauungsprozesses, des Stuhlganges, der Sexualfunktion, Menses, der Lungen-, Herz- und Gefäßfunktionen, ebenso auf den gestörten Verlauf von Schwangerschaft und Geburt.

Die in ihren leib-geistigen Zusammenhängen noch immer

viel zu wenig beachteten und doch so sinnfälligen Fehlimpulse bedeuten zu alldem für den Menschen eine unberechenbare Kraftvergeudung durch nutzlose Überbeanspruchung des Muskel- und Organsystems.

Wie oben angedeutet, gehen sie einher mit den verschiedensten Graden von seelischen Verstörungszuständen, über die Affekte, Ängste und Depressionen bis zur Gemütserkrankung. Geistig aber erscheinen sie als Unkonzentriertheit oder als unpraktische, dogmatische, phantastische oder sonstwie der Wirklichkeit nicht entsprechende Gedankenformungen. – Keiner vermag im Verspannungszustand in geordneter Ruhe, ohne künstlich erzeugte Spannkraft zu arbeiten, mit Gelassenheit erregenden Einflüssen zu begegnen und sich – ohne Gifthilfen – dem Entspannen, dem heilsamen Vergessen und dem Tiefschlaf hinzugeben. Es nimmt ja der überaktivierte Mensch – ebenso wie der schlaff gewordene – seine Unruhen, Verspannungen, seinen Fehlatem mit in die Erholungszeiten, in Urlaub, Sport und Spiel, in Warte- und Ruhepausen, ja mit in den Schlaf hinein. Die Freistunden werden heute benutzt, um Dauerberieselungen zu empfangen durch Fernsehen, Rundfunkhören und Bildzeitschriften lesen. Bei all dem kommt der Mensch immer weiter von sich selber weg, weiß nicht mehr, was er mit sich allein anfangen soll, wird leerer, verspannter und in sich selbst unsicherer denn je.

Oftmals sind zahllose Verspannungsgewohnheiten einzige Ursache schlechten Schlafens. Wenn viel frische Luft, eine Kur- oder eine echte naturgemäße Erholungszeit die selbsttätige Ordnung, die der Organismus sich bis zu einem gewissen Grade durch Erkrankung und Wiedergenesung verschaffen konnte, zeitweise Besserung brachten, so findet der Mensch doch, wenn die täglichen gewohnten An- und Überforderungen an ihn herantreten, sich bald im alten beunruhigten und schlafgestörten Zustand wieder. Er bleibt von Umwelteinflüssen und Regulierungsversuchen durch Außenumstände und mit Hilfe medizinischer Mittel, die allein keine grundlegenden Änderungen bringen können, so lange abhängig, als er nicht die Grundursache der Störungen in seinem eigenen Verhalten fand.

Die Frage aber, wie wir zu dieser Selbsterkenntnis gelangen, die das eigene Verhalten klären könnte, ist niemals rein denkerisch, nur moralisch, religiös oder nur körperlich zu lösen. Vielmehr auf eine natürliche und organgemäße Weise, die den ganzen Menschen erfaßt, sollte die Lösung gefunden werden. Wahrnehmung, Unterscheidung und Beurteilung auch scheinbar »unwichtiger« Vorgänge, die sich »nur im Körperlichen« abspielen, kommen uns hier zunächst zu Hilfe.

Gehen wir wieder von der Schlafstörung aus und schauen uns die Schlaflagerung unserer Patienten einmal an: Auf der Seite liegend, zusammengekrümmt mit angezogenen Beinen und rundem Rücken, eingepreßtem Brustkorb, nach vorn und ohrenwärts geklemmten Schultern, oder mit gegen den Nacken gedrücktem Hinterkopf – so oder ähnlich schlafen die meisten. Die ganze Nacht behalten sie in dieser Lage ihre schlechte, ihre zumeist gewohnte Sitzhaltung ein. Vielfach wird diese eingerollte Situation als eine schützende, von der Welt abgeschlossene, gleichsam als »natürliche Schlaflage« verteidigt und mit der Embryolage verglichen; wobei freilich zu bedenken ist, daß das Kind im Mutterleib und auch das normale Kleinkind mit seinen lockeren, zarten, gelösten Geweben sich die Kreislauf- und Stoffwechselbedingungen in dieser Lagerung erhält. Aber schon das verkrampfte Schulkind und noch mehr der Erwachsene mit seinen Verspannungsgewohnheiten und seinen stoffwechselbelasteten Geweben hat die Lösungsbereitschaft des Kleinkindes längst verloren und sollte sich solch eine Schlaflage einfach nicht leisten.

Als psychische Angst- und Schutzstellung ist diese Lagerung weder vollständig zu erklären noch abzugewöhnen. Denn außer der festgehaltenen Sitzstellung sind auch die nicht abgeklungenen, täglich wiederholten Bewegungsimpulse von der Schlaflage abzulesen: Das Vorwärtsheben der Beine beim Gehen, das Hochziehen der Schultern, Anspannen des Halses und Kopfes, Arme und Schulterkuppen nach vorn bewegen usw. Es werden Tag und Nacht periphere wie innere Organe, Gefäße, Drüsen, Nervenbahnen durch die immer gleichgearteten, automatischen Pressungen, teils im verspannten, teils im erschlafften Zustand gehalten. Umherwerfen, Angstträume, unruhiger Schlaf sind unbewußte Warnungen und sind unwillkürliche Versuche, eine günstigere Situation zu finden. Wer nun um bessere Strömungsverhältnisse zu schaffen, in flacher Bauch- oder Rückenlage einzuschlafen sucht, behält noch die feineren, aber um so tiefer wirkenden Verkrampfungen bei – z. B. festgehaltene Spannungen zwischen Hinterhaupt und Nacken (Medulla oblongata und Zervikal-Syndrom!), Verspannungen in der Wangen-, Kiefer-, Zungen- und Atemmuskulatur (Zähneknirschen!), die Zellunruhe der gestörten vegetativen Organe, Muskelunruhe in Armen und Beinen – und schließlich drängt unwillkürlich der Körper des Schlafenden wieder in die altgewohnte Zwangslage zurück.

Es fehlt dem Patienten die Fähigkeit, die Spannungsverhältnisse seines Organismus zu regulieren, den Unter- oder Übertonus in einen wohltuenden Normaltonus gleiten zu lassen. Hier nützt auch die Ausgleichbewegung, die in Sport, Gymnastik und Yoga erstrebt wird, zu wenig; denn erfahrungsgemäß beobachtet der Übende dabei selten sein organbedingtes Verhalten. Die willentlich zu beeinflussenden Organe werden geübt und gekräftigt, aber das vegetative System leidet. – Zu mechanistisch wird trainiert, ohne die fühlsame, instinktsichere Bewegungsmöglichkeit, die als unbewußte Gabe Tiere, kleine Kinder und wenig Erwachsene noch haben. »Mir bekommt das Trainieren und Üben nicht mehr; je besser ich übe, desto schlechter kann ich schlafen«, sagen früher oder später viele Patienten. Den allgemeinen Übungsmethoden fehlt die grundlegende Lösungsarbeit des feiner spürenden Körperbewußtseins, das die Diskrepanz zwischen den autonomen und den Willensfunktionen aufzuheben vermag, wie ich versuchen werde, das in diesem Artikel darzustellen.

Zum Einschlafen oder für ein gedeihliches Ausruhen in der Mittagszeit suchen wir zunächst das wohlige »Abgeben« und Sinkenlassen des Körpers auf das Lager in Rücken- oder in Bauchlage. Für gute Ausbreitungs- und Umlagerungsmöglichkeiten ist der Behandlungstisch 1 m breit und 2 m lang gebaut. In der Gruppe wird auf Decken am Boden geübt. – Wir suchen zunächst den Körper mitsamt Kopf und Gliedern, ja unser Wesen als Ganzes zu empfinden und gehen nur in großen Zügen spürsam auf Einzelteile ein: Wo haben wir uns am wohligsten auf das Lager niedergelassen? Wo wird der Körper am besten gelöst empfunden? Wo melden sich Unruhen, Härten und Verspannungen? Ist vielleicht schon eine Atembewegung wahrnehmbar?

Hier sei gesagt, daß mit feiner Atembeobachtung erst im späteren Übungsstadium begonnen werden darf, weil die Gefahr der unwillkürlichen, ebenso der willkürlichen Veränderung des Atemvorganges zunächst noch zu groß ist. – Einzelglieder, ihr Lage- und Temperaturgefühl, Gewichtsempfinden werden nicht in getrennten Sitzungen erfragt, sondern in der gleichen Übungsstunde, auch wenn klare Beurteilung von den meisten Schülern anfangs nicht zu erwarten ist. Wir unterstützen sie jedoch mit Entspannungshilfen – z. B. mit Anhebe- und Hängegriffen. – Alle Hilfsgriffe geben wir einseitig, und der Patient wird zum Vergleichen mit der anderen Seite aufgefordert. Unsere Fragen nach den Beobachtungen der Schüler und Patienten dürfen aber keinen Suggestiv-Charakter haben. Wir können höchstens den schwerer Begreifenden einige Worthilfen zur Auswahl geben: z. B. wärmer oder kälter geworden? leichter oder schwerer? heller oder dunkler? besser oder weniger gut geformt? usw.

Grundlegend hat der Schüler zu beachten, daß er wahrgenommene Fehlspannungen ebenso wie die Atemfehlfunktionen nur erlauscht, feststellt, aber nicht willentlich abändert. Zu dieser Abänderung ist der Patient immer leicht geneigt, vor allem wenn er sich vordem schon mit »Atemübungen« befaßt hatte. Was während dieses fühlsamen Erfragens – mit oder ohne vorhergehende Hilfsgriffe – sich von selbst änderte, wird wiederum sachlich festgestellt. Spürsam, mit geschlossenen Augen, legen wir gleichsam eine große Skizze von unseren körper-seelischen Eindrücken an und gehen vor wie der Maler, der, immer wieder das Ganze in seinen Zusammenhängen überschauend, sich allmählich die Einzelheiten erarbeitet. Dadurch wird der Patient sich schon einiger Zusammenhänge, Reagierweisen sowie der Auswirkungen seiner Verspannungen und ihrer Lösung bewußt. Außerdem wird damit bereits ein gewisser Ausgleich in der allgemeinen Tonisierung geschaffen, der das Blutanstauen in einzelnen Gliedern verhindert, wie es beim Schwer- und Warmwerden gesonderter Körperteile in den suggestiven Arbeitsweisen geschieht.

Neben diesen Proben und ersten Versuchen werden bald sorgfältige Glieder- und Wirbeldehnungen vorgenommen. Die Entlastung zusammengepreßter Gelenke und gestauter

Gewebe durch das wohlige Langwerden in wirksamer, sehr langsam und lange vorgenommener Dehnung, wird in einseitigem Experiment verglichen mit dem üblichen »Sich rekken und strecken«, das die andere Körperseite nachher probeweise ausführt. Langsame Dehnungen, die der Behandler gibt, aber auch eigene entsprechende Dehnversuche des Schülers sind hier gemeint. Das gewohnte Recken wird nun nicht nur als oberflächlich, sondern als gewaltsam, unorganisch und beunruhigend empfunden. Dieser Qualitätsunterschied wird den Schülern schon bei den ersten Versuchen sehr deutlich, obgleich die meisten dabei noch weit entfernt von der Dynamik eigener, natürlich ausgelöster, wirklich elastischer Dehnbewegungen sind. Erst in späteren Stadien wird erlebt, daß »es« sich dehnte, daß »es« uns langzieht, in einer vollendeten, ganz anders gearteten Weise von innen her.

Hier sei gleich zur Verständigung gesagt, daß wir stillschweigend auf dieses geheimnisvoll scheinende »Es« in unserem Tun und Lassen achten, versuchen es kommen zu lassen, es zu erlauschen, auch wenn wir anfangs davon noch wenig fühlen. Der zweite Teil dieser Arbeit wird dieses wesentliche Moment besser illustrieren können als der erste.

Während der ersten Dehnversuche und -vergleiche kommt uns der Wert des völligen Durchgähnens zum Bewußtsein. Denn hierbei entspannen und lösen sich Wangen- und Kieferbereich, Schlund, Zunge, Augenlider und Stirn, dazu die Beckenboden-, Gesäß- und Bauchmuskeln, deren Lösung – im Gleichgewicht zwischen Kopf- und Beckenregion – erst den Tiefatem befreien und das echte Durch-Gähnen ermöglichen kann. Das ist der große Gegensatz zum gewohnten Gähnreiz, der das verspannte Gesicht und die festgehaltene Atmung nicht annähernd löst und, vorzeitig unterbrochen, nichts weniger als befreiend wirkt. Wie viele

Menschen haben ein echtes, erfreuliches Sichdehnen und Sichausgähnen schon vollkommen verlernt! Das Kätzchen ist uns das schönste Vorbild.

Nach dem Dehnen und Gähnen – im Nachruhen – machen wir eine Entdeckung: Auch unser Atem, wie jede andere Bewegung, will nicht »gemacht«, sondern »ausgelöst« sein! Die Wechselbeziehung zwischen Atmungs- und Lösungsbereitschaft, dazu ihre Drüsen- und Kreislaufwirkung, wird uns deutlich mit jedem Gähnen, das Tränen auslöst, oft auch die Nase fließen läßt, die Glieder erwärmt. Gähnen ist ja ebenfalls ein Dehn-, Tiefatem- und Entlastungsprozeß, eine kluge und wirksame Selbsthilfe der Natur.

Unser Interesse gilt aber nicht nur dem Gähnen und Dehnen, sondern es geht um nichts Geringeres, als das natürliche, feine und wahrhaftige Reagiervermögen unseres Atem- und Gemütszustandes in den alltäglichen Lebenssituationen wiederzugewinnen.

Bestätigt wird uns immer wieder die Erfahrung untrennbarer Wechselbeziehung zwischen Sichlösen und Atmen, wenn wir den Körper in ausharrende Dehnlagerungen bringen. Zum Beispiel die mohammedanische Gebetslage läßt die Dehnfähigkeit lordosierter Lendenwirbel und verspannter Muskelgewebe durch die Befreiung der Tiefatembewegung im unteren Rücken und Beckenraum bis in Kreuz- und Steißbeintiefe erleben. Noch intensiver wird das Erlebnis der atmenden Bewegung im unteren Rücken, wenn bei der Mohammedaner-Lage die Arme an den Körperseiten abgelegt werden und der Kopf auf eine Wange niedergelassen wird. Wir nennen es »das Päckchen«. Besonders gut kann hierbei die grundlegende Bedeutung der Lösung der Ventile wahrgenommen werden: Schlund im Kopf, Schließmuskeln im Beckenboden – und ihre reflektorische Wirkung auf die Funktion der Körperorgane. – In jeder Situation, auch außerhalb unserer Übungszeit, ist nun zu merken, wie das Entdecken und Öffnen des Nasenrachenraumes reflektorisch die Nase beweglich macht, wie das Entspannen des Mundes, Schlundes und Halses mit gleichzeitiger Lösung der Afterschließ- und der Gesäßmuskeln, der Körpermitte Atemfreiheit verschafft. Der freiere Atem aber verhilft wiederum Gliedern und Kopf zu besserem Druchströmt- und Gelöstsein. Freilich spielt da die Kleidungsfrage eine wichtige Rolle. Der von Gürtel, Mieder oder Gurtband beengte Körper kann nicht frei atmend auf Lösungsversuche reagieren.

Wenn wir nicht von vornherein von der zentralen Atemfunktion und ihren Bedingungen ausgehen und eine gewisse Ganzheitsschau über die organischen Wechselwirkungen bekommen, erreichen wir nur jenes erschlaffende Lederpuppenentspannen, das wohl die Glieder in einem Stauprozeß warm und schwer werden, uns aber nicht im Zusammenhang mit Kopf und Rumpf und der atmenden Mitte wohlig durchströmen läßt. Zur »atmenden Mitte« aber gehört vor allem jenes viel vernachlässigte Becken- und Basisgebiet, von dem später die Rede sein wird.

Die Entspannung in spürsamer Gesamtschau, zu der unser Körper- und Atemempfinden von vornherein angeregt wird, löst bei stark Verspannten zunächst ein ausgesprochenes Schweregefühl, bei den zur Erschlaffung neigenden Patienten dagegen ein Leichtigkeitsempfinden aus. Erwärmung kann bei beiden gegensätzlich Veranlagten gleichermaßen eintreten. Die verschiedene Tonisierung können wir mit unseren Augen z. B. nach einer entsprechenden einseitigen Übung kontrollieren: Schulter und Brustkorb der gelösten Seite haben sich beim Erschlafften gehoben, senkten sich beim Verspannten. Es reguliert also die Natur selbst die Spannungsverhältnisse, wenn wir uns nicht körperfremd

und willentlich in die innere Lenkungsordnung einmischen, sondern lediglich ihre Bedingungen erlauschen, um ihr das freie Walten zu ermöglichen, das immer weiser ist als das unsere.

Wegen solcher verschiedener Reaktionen mache ich die Schüler und Patienten, die während der ersten Entspannungskontrolle – ehe ihr Atemempfinden noch wach genug wurde – eine »bleierne Schwere« kommen fühlen, darauf aufmerksam, daß dieser Zustand nicht als ein guter und endgültiger Lösungszustand zu betrachten ist, sondern daß der gewohnte Übertonus sie jetzt vorübergehend in einen entsprechenden Untertonus fallen ließ. Solche Erschlaffungsschwere wird in vielen gymnastischen wie auch in Suggestivmethoden als »Entspannung« gewertet. Wir geraten damit aber in jene vermeidbare Sackgasse, aus der wir ja doch mit forciertem Willensentschluß wieder umkehren müssen, und zwar dadurch, daß wir den Erschlaffungszustand durch eine neuerliche Überspannungsaktion »mit militärischem Ruck« wieder aufzuheben gezwungen sind. So entsteht wohl ein relativ erfrischender Wechsel von »Spannung und Entspannung« – besser gesagt von »Verspannung und Erschlaffung« – aber es erwächst nicht jenes fein atmende, als Gelassen- und Getragensein empfundene organische Lösungsbewußtsein, das wir erstreben.

Wir können also beim sogenannten Entspannen zwei grundverschiedene Tonisierungen erfahren, die wir als Erschlafftsein und als Gelöstsein auch im Übungsexperiment erleben und unterscheiden lernen.

Während der Arzt bei Schwerkranken öfters gezwungen sein kann, mit drastischen Mitteln zu arbeiten, z. B. mit Hypnose und Suggestion, haben wir jene natürlichen und gefahrlosen Möglichkeiten in der Hand, mit denen wir vielen Patienten und Schülern zu besserem körper-seelischem

Gleichgewicht verhelfen können. Muskelstarre, Ohnmachten, hypnotische und Trancezustände kommen bei dieser Übungsweise nicht vor. Mit ihr werden auch beim Alleinüben die Schüler und Patienten ungefährdet fertig. Für sie ist es ein Erlebnis, daß sie ein Nachlassen der Empfindlichkeit schmerzender Gewebe, das Verschwinden von Herz- und Atemnot, Kopf- und Magenweh, Verstopfung, Übermüdung, Schlaflosigkeit und mancher anderer Beschwerden feststellen können, die häufig auf nervösen Ursachen beruhen. Das geschieht manchmal schon zu Beginn der natürlichen Normalisierung ihres Allgemeinzustandes.

Ich komme noch einmal auf die bereits ausführlich beschriebene, eingerollte Schlaflage zurück: Um sie abzugewöhnen, ist es günstig, nach der allgemeinen Entspannungsvorbereitung und den Gliederdehnungen eine ausgesprochene Ausharrlagerung in liegender Seitenbeuge vorzunehmen (»Mondlage«): In flacher Bauch- oder Rückenlage – ohne Drehung! – beschreibt der Körper eine Halbmondform, wobei die am Kopf entlanggelegten Arme das eine, die nach der gleichen Seite gelagerten Beine das andere Mondhorn bilden und die stärkste konvexe Rundung von den seitlichen Rippen geformt werden soll. Außer auf Kopf, Hals und Beckenboden beschränkt sich das Erfühlen von Lösung und Atmung hierbei auf die konvexe Körperseite. Wenn nach einer Zeit symmetrische Rücken- bzw. Bauchlage wieder eingenommen ist, wird die gedehnte mit der anderen Seite verglichen. Der Unterschied wird bei normaler Reaktion immer als erstaunlich empfunden, und die noch ungedehnte Seite verlangt dringend nach gleicher Atemweite und -tiefe, Gelöstheit und Ruhe. Wirbelsäule, alle Gewebe geben sich danach ganz anders, willig und wohlig dem Lager ab.

Wesentlich für einen guten Schlaf ist der ungehemmte Durchgang der Blut- und Nervenströme zwischen Kopf und dem übrigen Körper. Wir sorgen für Befreiung von Spannungen zwischen Hinterhaupt und Nacken, dessen Atem- und Kreislaufauswirkung ganz besonders auf einen zentralen Einfluß deutet. Ebenso sorgen wir für Dehnfähigkeit der lordosierten Halswirbel, Lösung der Hals- und Gesichtsmuskeln und des fast immer überlasteten Schultergürtels. Auch die Winkeldehnung zwischen Brustkorb und Armen, zwischen Becken und Beinen ist für die gelöste Schlaflage unerläßlich.

Wer schon genügend geschmeidig ist, kann ein Aushängen seitlich und rückwärts über der Tischkante probieren, und andere, besser durchströmende und weiteren Atem auslösende Dehn-, Hang- und Drehlagerungen schließen sich an. Während solcher Übungen und Lagerungen können dem Patienten mit bestem Erfolg Behandlungshilfsgriffe gegeben werden. Auch macht er während der Lagerungen Atembeobachtungen, wobei die individuellen Unterschiede im zeitlichen Verlauf der Ein- und Ausatmung erfahren werden.

Diese Ruhe- und Ausharrungslagerungen haben nur bei gut verstandener Selbstkontrolle ihre tiefgehende Wirkung. Mechanische Nachahmungen der äußeren Stellungen sind wertlos, können sogar unangenehme Krampfzustände verursachen.

Wenn nach spürbarem Vergleichen und Reagieren die flache, achsengerade Lage wieder eingenommen wird, befindet sich der ganze Mensch in einer wohltuenden Gelöstheit und in einem echten Ruhezustand. Bald wird ihm die alte, verpreßte Zwangsschlaflage ausgesprochen unangenehm und lästig.

Bei unserem Wahrnehmen und Vergleichen finden wir – und das ist grundlegend wichtig – mit wachsender Sicherheit unsere völlige »Basis«-Atmung wieder, die jeder unverstörte und vernünftig gekleidete Mensch noch haben sollte. Bei den meisten Menschen, und erst recht bei unseren Patienten, ist diese Normalatmung gewohnheitsmäßig ganz oder teilweise abgedrosselt. Mit Basis-Atmung bezeichne ich die von der Atmung erzeugte, vollständige Durchbewegung der Organe, die im Raum zwischen Zwerchfell und Beckenboden gelagert sind. Bei dieser organischen Durchbewegung muß das Weit- und Schmalwerden der Körperhülle rundum und bis in die Tiefe auch des untersten Bauches und Rückens gut zu spüren sein.

Es sei erwähnt, daß beim ungestörten Atmen auch im täglichen Leben normalerweise diese Basisregion in voller Bewegung beteiligt ist. Und zwar ist in der Ruhe der Basis-Atem in stärkerer Bewegung, während die zarte Eigenbewegung der Lunge kaum zu empfinden ist. Erst während und nach körperlicher Bewegung wird eine gewisse untere Brust- und Rippenbewegung fühlbar. Und im seelischen Erregungszustand des Menschen hat der Brustkorb eine so starke Bewegung, daß sie meist unter Abklemmen des Basisraumes hals- und schlüsselbeinwärts gezogen wird. Es sollte darum nicht ein Schema des »Vollatems« – dreigeteilt oder dreifach gewellt – konstruiert werden. Sondern diese fein zu empfindende Gesamtbewegung einer Vollatmung ist erst das Ergebnis der im späteren Übungsstadium bewußt werdenden hier noch nicht zu beschreibenden Atemfunktion in Basis, Brustkorb und Haupt. Denn die zarte Eigenbewegung der Lunge hat auch bei der Vollatmung eine andere Funktion als die Basisregion. Und ebenso ist das Atemempfinden im Haupt, das zur Vollatmung gehört, ein anderes als das in Brustkorb und Basis.

Ist das Lenden-Kreuzbeingebiet in der Rückenwand der Basis noch nicht geschmeidig genug, so wird zunächst in flacher Bauchlage oder in einer günstigen Sitz- oder Hockstellung der tiefe Rundum-Atem in der Basis bald fühlbar.

Wir haben nun die unwillkürlichen Atemreaktionen auf unser äußeres und inneres Bewegtsein kennenzulernen. Und da der Atem wie ein Seismograph schon auf das fernste Beben reagiert, ist seine Wahrnehmung höchst interessant. Denn untrüglich lassen sich vom Atmen auch die verborgenen Gefühle und Affekte ablesen, unter der Bedingung, daß wir die unwillkürliche Atembewegung, sobald sie uns bewußt wird, nicht verändern, sondern sie erlauschen, wie sie sich uns bietet, ganz gleich, ob wir mit ihr einverstanden sind oder nicht.

Wir staunen, was für ein empfindsames und schon durch einen Gedanken veränderbares Ding unser Atem ist. Wenn wir ihn erlauschen und ausdeuten lernen, vertieft sich die Selbstkenntnis, und in dem Abstand von uns selbst, der mit der Atembetrachtung sich einstellt, erfahren wir einen tiefinneren Gewinn. – Bald ertappen sich die Patienten auf groben und ausschlaggebenden Atemfehlern, z. B. auf dem verpreßten »Hochziehen« unter Einschnüren des »Zwerchfellringes«, das immer Unsicherheiten, Ängste oder Übersteigerungen verrät. Nach dieser Erfahrung suchen sie gern die beruhigende Atem-Weite und -Tiefe im Basisraum.

Für den Schlaf aber ist Atemfreiheit der Basisregion unerläßlich. Die nächtliche Regenerationsarbeit vollzieht sich in diesem Wurzelgebiet der vegetativen Lebensvorgänge gründlich genug nur unter einer ungestörten Basis-Atmung. – So schlafen unterm Beobachten des sanften Decrescendo dieses unteren Atems, der in eine tiefe Atemstille mündet, viele schon friedlich ein. Der klein werdende Atem beim Einschlafen sorgt für einen gewissen Überschuß an Kohlendioxyd, der einschläfernd, ein wenig betäubend auf unsere lebhaften Hirnfunktionen wirkt. Im Tiefschlaf sorgt die Natur selbst für den Ausgleich: Wir beobachten die großen, ruhigen Atemzüge des gesund und tief Schlafenden.

Wer des Abends unter gesammelter Selbstkontrolle ein bewußtes Lösen seiner unnötigen Spannungen und die friedliche Atemberuhigung in einer ihm günstigen Schlaflage sucht, der wird kein Interesse haben, seinen Geist mit erregender oder zerstreuender Lektüre vor dem Einschlafen zu belasten. Die Einflüsse der Umweltreize, die sich von Jahr zu Jahr steigern, halten den Menschen mehr und mehr von sich selbst und seinem Innenleben fern. Denken wir nur an zu langes, gewohnheitsmäßiges Fernsehen, an nervenbelastende Rhythmen in Radio und anderen Darbietungen, an Pornographien und andere, das Sinnenleben betonende Literatur, an das verstörte, tobende Verhalten der Kinder. Um so erfreulicher und wirksamer ist unsere Arbeit für diejenigen, die wieder zu sich selber kommen wollen. Mit neuerwachtem Körperempfinden werden sie für frische Luft im Zimmer, einen Spaziergang nach leichtem Abendessen, Waschung, für geeignete Diät, für Kleidung, die das Atmen nicht beengt, warme Füße und für ein nicht zu weiches, wenn möglich hartes Lager sorgen. Und sie werden zuletzt in eine zur inneren Sammlung verhelfende Sphäre sich begeben. Wir wecken das Verständnis des Patienten dafür, sich möglichst natur- und organgemäß tagsüber wie vor dem Schlafengehen zu verhalten. Niemals ist eine Schlaftherapie aus dem Gesamterleben des Tages herauszulösen.

Darum ist es unerläßlich, daß unsere Schüler und Patienten sich nicht allein in der Ruhe ihrer psychosomatischen Verspannungen bewußt werden und sie zu lösen lernen, sondern ebenso im Tagesablauf, bei der Arbeit, beim Gehen und Stehen, beim Sprechen und Essen, bei Spiel und Sport, bei Yoga und Meditation. Immer probieren und üben wir mit den individuellen Gegebenheiten des täglichen Lebens. Reichlich liefern sie uns das Kontroll- und Probematerial.

Wir schauen uns z. B. das Sitzen an, eines der wichtigsten

Anliegen unserer viel sitzenden Mitmenschen. Wir sahen auch oben, wie die gekrümmte Sitzstellung unmittelbar in unsere ungesunde Schlaflage hinübergenommen wird. – Dem Sitzenden kann das lebendige Gleichgewicht zwischen Sitzknorren, Wirbeln und Kopf unmöglich »vorgeschrieben« werden, ohne daß er in seiner Haltung erstarrt. Mit geschlossenen Augen wird die Sitzbalance, vom Atemraum und vom Beckengleichgewicht augehend, erspürt, probiert, verloren, gefunden, verglichen und erlebt. Wir finden: auch unser Gleichgewicht ist eine Atem- und Lösefrage.

Verschiedene Sitzarten, ebenso die vielfachen Beuge-, Hang-, Dreh- und Wringsituationen aus verschiedenen Ausgangsstellungen – z. B. aus dem Liegen, Sitzen, Knien, Stehen – stellen als Zwischenübungen ungewohnte Druck-, Löse- und Atemanforderungen an bisher nicht oder falsch gebrauchte Gebiete. Nach jeder Ausharrungssituation, während der wir allmählich immer tiefere und umfassendere Lösung finden, werden Veränderungen und Erfolge in der Ausgangsstellung, in Ruhelage und Bewegung erfragt und geben Gelegenheit zu Entdeckungen immer neuer Zusammenhänge körper-seelischer Vorgänge und Gesetze.

Die wohltuende, erweiternde, zugleich schmeidigende und kräftigende Wirkung dieser Ruheübungen, verbunden mit der stillen Selbstorientierung, kommt ebenso der Schlafbereitschaft wie den tätigen Tagesanforderungen zugute.

Die Gewohnheitsbewegungen werden nun erfragt in bezug auf die Atmung und das Gelöstsein unserer Glieder: z. B. beim Bücken, beim Niederhocken, beim Hochlangen auf ein hohes Bord, beim Zugreifen, Laufen, Sichwenden. Oder wir fragen uns: Wie tragen wir die Aktentasche? Wie verhalten wir uns beim Schreiben? beim Lesen? beim Essen? beim Sprechen? beim Zuhören? Wie heben wir den Wassereimer, wie eine schwere Kiste an?

An dieser Stelle wird der Leser sagen: Unser Bewußtsein stört nur in den Bewegungsablauf hinein; am besten gelingt er doch im unwillkürlichen, »im unbewußten Moment«. Das stimmt jedoch nur bei den bereits gelösten, gleichgewichtigeren Naturen oder in eben solchen Glücksmomenten. Wir können und müssen bewußt zubereitende Arbeit leisten, die uns von Fehlspannungen befreit und die natürliche Reagierfähigkeit wieder zuläßt, die dem Impuls ein williges Organinstrument verschafft. Darum üben wir nicht die Bewegung, auch nicht die Atmung, sondern wir stimmen unser Instrument in der Ruhe. Noch besser: Wir tun und lassen das unsere so gut als wir es vermögen: aber immer wieder reichen wir dem Meister, der unserer Natur innewohnt, die Werkzeuge hin, und von ihm lassen wir unser Instrument wieder in Ordnung bringen.

Wie wesentlich es ist, geordnete Ruhe als Voraussetzung für geordnete Bewegung und Tätigkeit zu finden, erkennen die Schüler und Patienten bald. In der Qualität unserer Ruhe- und Bewegungsbereitschaft im Körper und in der Atmung haben wir die Kriterien der Qualität unseres geordneten oder ungeordneten Grundzustandes; und an ihnen lernen wir den Grad unseres Verspannt- oder Gelöstseins kennen, für den wir ja bis zu einem hohen Grad selbst verantwortlich sind.

So gelingt es wirklich bei einiger Selbstbeobachtung, die alten, kraftzehrenden Gewohnheiten gegen neue, glücklichere einzulösen. Wieviel Energie, wieviel Leistungskraft wird da für wesentliche Dinge frei! Mit welch neuer Lebensfreude beginnt der Mensch zu atmen! Nicht mehr als belastend wird dann der Körper empfunden. Nicht mehr nur, wenn er schmerzt oder aber in den Genüssen der Ernährungs- und Geschlechtsempfindungen und der Süchte wird seine Existenz bemerkt – ein neues Lebensgefühl im atmenden, gelösten Daseindürfen beginnt zu erwachen und jegliches Empfindungsvermögen zu verfeinern.

Für unseren Schlaf aber gilt das Gesetz: Wie der Tag verläuft, so gestaltet sich die Nacht. Praktisch beginnt die gute Zubereitung für den nächtlichen Tiefschlaf schon am Morgen. Mit einem erweckenden Bewegen der Wirbel, Dehnen und Atmen vermeiden wir das verschlafene Aufstehen. Der Morgenatem unterscheidet sich in Spannung und Phasenlänge wesentlich vom Einschlafatem, und der Mensch wird mit seiner Besinnung während der Lagerungs- oder Sitzarbeit den Tag anders beginnen, als er ihn beschließt.

Wesentlich ist, daß die Schüler immer ihre eigenen Erfahrungen machen dürfen, daß bei den feineren Übungsweisen nichts Fertiges zum Nachsprechen und Nachahmen vorgesetzt wird; sondern daß ihnen Hinweise gegeben, Möglichkeiten aufgezeigt werden, wobei der Lehrende sich jeweils dem Maß ihrer Empfänglichkeit und ihres Verständnisses anpassen wird.

Auch notwendige Behandlungen (Wickel, Bäder, Güsse u. a. m.) oder krankengymnastische Maßnahmen (z. B. mit Wirbelsäule, Becken, Füßen) und verschiedene Massagearten werden als Hilfsmittel nur unter der fühlsam vergleichenden, wachen Beteiligung des Patienten gegeben. Jede Gelegenheit wird benutzt, sein dumpfes Körperbewußtsein durch ein immer sicherer spürendes zu ersetzen und ihn damit zu größerer Selbständigkeit und Freude beim Üben und zur baldigen Unabhängigkeit vom Behandler gelangen zu lassen.

Um wieder auf den erstrebten Tiefschlaf zurückzukommen: Selbstverständlich haben wir bei unseren Wahrnehmungen nicht nur die natur-, sondern auch die geistgemäße Einstimmung zu erfragen. – Viele Patienten mögen gern vor dem Schlafengehen ein gutes Buch vornehmen, eine wirkliche Geistesnahrung. Vorm Einschlafen wünschen viele ihren Tageserfahrungen nachzugehen, ihr Gewissen zu erfragen, oder zu meditieren – aber es fehlt ihnen die Möglichkeit, sich zu sammeln. Die Gedanken laufen davon und gehen durch wie ungezügelte Pferde, oder sie »springen umher wie Affen«. Ich fand, daß die schlaflosen Menschen fast alle unfähig zur Konzentration sind. Diejenigen aber, die intellektuell sich zu konzentrieren fähig sind, können oft nicht den für den Schlaf notwendigen, meditativ gesammelten Zustand finden.

2. Teil

Hier kann nun die Übung der mehrfach erwähnten, besonderen »Tast«-, Löse- und Atemarbeit einsetzen, die uns organisch, nicht willentlich zwanghaft, den Zustand stillen Gesammeltseins verschafft. Sie beruht auf einer feineren und intensiveren Kontrolle als die bisher beschriebene und auf einem klaren Betätigen unseres Empfindungsvermögens. Wir erfahren dabei unser fühlendes Bewußtsein in eigentümlicher Weise zweifach bestätigt: empfangend, wahrnehmend, und gleichzeitig als verändernd, regulierend, belebend. Wir können danach je nach dem Aspekt diesen Vorgang einesteils als Wahrnehmen, »Tasten«, Erspüren und andernteils als Beleben und Regulieren bezeichnen. Vielleicht findet sich, wenn die Forschung sich dieses höchst interessanten Gebietes annimmt, eine günstigere Benennung.

Das Wort »Einleben« wird von dem Inder Yesudian in seinem Buch »Sport und Yoga« gebraucht. Dieses Buch hat in der Betrachtung des Menschen mit seinen natürlichen Bedingnissen zumindest theoretisch etwas Verwandtes mit unserer Arbeit, abgesehen von der Einstudierung des »dreigeteilten Atems«. Andeutungsweise erwähnt Yesudian den Vorgang des spürsamen Einlebens in dem kurzen Beispiel vom Zeigefinger, der sich erwärmt, wenn wir an ihn »denken«. Mit »Daran denken« und mit »Bewußtsein in einen Körperteil schicken« meint Yesudian wohl kaum die reine Denkvorstellung. Bewußtsein ist für die Inder kein Abstraktum, sondern ein Zustand organischen Erlebens. – In der kleinen Nebenbemerkung vom Zeigefinger aber meine ich, einen verborgenen Zugang zu Yesudians Arbeit und zur eigentlichen Wirksamkeit seiner Übungen zu finden, soweit diese wirklich von den Abendländern aufgenommen werden können. Denn dieses Gesetz unseres Organgeistes, das in dem Zeigefinger-Beispiel verdeutlicht wird, ist wohl den allerwenigsten bei uns im Abendland bekannt. Dem Inder, wie überhaupt dem Orientalen, ist das bewußte Empfinden des Körpers und des Atems selbstverständliche Naturgegebenheit, über die er den Zugang zum Geist findet. Er kann es offenbar nicht begreifen, in welchem katastrophalen Ausmaß der Abendländer diese ursprünglichen Empfindungen eingebüßt hat.

Das ganz anders fundierte östliche Natur- und Geist-Erleben kann sich uns erst beim Wiedererwachen des lebendigen – nicht des spekulativen – Bewußtseins für diese Zusammenhänge wahrhaft erschließen. Und eine weise, körperseelische Erziehung, wie sie Indien, China, Japan kennen, könnte von dieser Basis aus auch bei uns verwirklicht werden.

Der überaktive Abendländer hat das Ideal, seinen Körper zu überwinden, zu beherrschen, ja von ihm loszukommen, zugunsten seiner Geistespflege. Ihm ist der eigene Organismus, der allein geistige Sphären erlebend vermitteln könnte, durchaus nicht genügend zugehörig. Er kennt die Schätze nicht, die im eigenen Haus auf ihn warten. Er ist gezwungen, mehr neben seinem Organismus her als in ihm drin zu leben, dank der un- oder halbbewußten Fehlimpulse und Fehlfunktionen, die ihn beherrschen, und die eine unverstörte, natürliche Reagierbereitschaft des Gewebe-, Atem- und Kräftebewußtseins – des »Organgeistes« – nicht aufkommen lassen. Ehe der Geist in der großen Umwelt gesucht wird, sollte er vor allem in der Welt des eigenen Körperdaseins gefunden und erlebt werden, und darum hat der Abendländer im wahren Sinn des Wortes das »Einleben« erst zu lernen.

Kommen wir nun auf unsere Arbeit zurück. Es ist ersichtlich, daß der bisher beschrittene Weg – das Erfragen und Vergleichen der Lage- und Ruheverhältnisse, der Atem-, Gewichts-, Temperatur-, eventuell Farb- oder Lichteindrücke, und das Beobachten der Wirkung unserer Arbeit auf das Gesamtverhalten – ein Ertasten und ein Einleben in gewissem Sinne schon mit sich brachte und den Patienten zur Achtsamkeit erzog. Und da wir immer Übergänge schaffen, um allmählich vom Gröberen ins Feinere zu kommen, so nehmen wir auch bald spezielle Tastproben vor, um die Wirkung unserer Übungsweisen zu vertiefen. Dabei können wir zugleich den Grad der Sammlung und Empfindungsfähigkeit des Schülers prüfen. Mit Schülern und Patienten, die entspannungsfähig genug sind, kann schon bald nach Beginn der Übungsbehandlung etwas Tastarbeit vorgenommen werden.

Dieses feine, innere Tasten führt in das eigentliche Kerngebiet unserer Arbeit. Mit der ersten ausführlichen Probe dieser Art wird uns unsere Zusammenarbeit mit den planvollen Ordnungs- und Lenkungskräften, die dem Organismus innewohnen, aufs lebendigste bewußt.

Eine dieser Proben: Die Schüler liegen – sie können auch in den anderen ruhenden Ausgangsstellungen beginnen –, schließen die Augen und kontrollieren ihre Lösungsfähigkeit wie gewohnt in einer »Skizze«, die inzwischen jedoch schon ausführlicher wurde, und Atmung und Körpergewebe schon besser empfinden läßt. Dann fangen wir mit einem leicht zu erfühlenden Körperteil an, z. B. mit der Innenseite der linken Hand, die wir bequem gelegt, aber nicht bodenwärts gerichtet haben. Wir fragen, ob wir die Kuppe des Daumens empfinden, und erfragen dann fühlsam seine Unterseite bis zum Handgelenk. – Nun ist es gleich anfangs grundlegend wichtig, daß der Schüler sein Fühlen vom Vorstellen unterscheiden lernt. Das bescheidenste Empfinden, etwa ein wenig Wärme, Ziehen oder Kribbeln, das sich in der Daumenunterseite meldet, hat beim Tasten mehr Wert, als das klügste anatomische Vorstellungsbild. Zu der Zeit, als mir die Kontrollweisen noch nicht so klar waren wie heute, hatte ein Schüler – es war ein Arzt – in einer Gruppenstunde die völlige Anatomie seiner Hand nach dem Tasten im Kopf. Ein praktisches Resultat hatte er aber damit nicht gewonnen. – Die Art der Fragenbeantwortung zeigt uns die Art und Weise der Beteiligung an: »Ich denke, der Daumen ist mir deutlich« – oder: »Ich bilde mir ein, ihn zu fühlen«. Wäre nicht in diesem Falle die sachliche Aussage: »Ich fühle nichts« die einzig wahre? Alles Denken und Einbilden nützt nichts. Bedingung für den Erfolg unserer Tastarbeit ist Vorurteilslosigkeit und nüchterne Ehrlichkeit, zu der viele sich erst erziehen müssen.

Wir sehen jetzt deutlich, daß wir nicht an unseren Finger denken dürfen, sondern daß wir lernen müssen, ihn zu fühlen. Eine neue Art des Bewußtwerdens setzt hier ein; aufgrund des Fühlens nimmt das Denken den zweiten Platz ein, indem es nur registriert, was wir wahrnehmen und fühlen. Während wir langsam weitergehen: Innenseite des Daumens, Übergang zum Zeigefinger, Zeigefinger selbst – meldet der Nichtsfühlende überrascht: »Jetzt ist der Daumen plötzlich da!« – Eine neue Entdeckung: Während wir nichts taten, als in gesammelter Ruhe mit dem tastenden Erfragen fortzufahren, scheinbar ohne Erfolg, aber auch ohne Ehrgeiz, ohne Anstrengung, hat »Es« weitergearbeitet und bringt uns Antwort, da wir sie nicht erwarten.

Ein anderer hat dagegen den Daumen sofort im Empfinden, er beschreibt seine Entdeckungen: »Der Finger ist so eigentümlich lang und dick, wie aufgelockert, und ist sehr warm.« Das ist ein echter Gefühlseindruck. Aussagen wie »entspannt«, »ruhig« oder »durchblutet« kommen aus der Region des spekulierenden Denkens und müssen abgelehnt werden. Auf meine Frage: »Woran merken Sie denn, daß der Daumen entspannt ist?« antwortete ein 62jähriger Patient: »Es muß wohl so sein – denn er soll sich doch entspannen, nicht wahr?« – »Und woran spüren Sie, daß er durchblutet ist?« – »Das weiß ich nicht, aber ich denke mir's.« – »Und wieso ist der Daumen ruhig?« – »Nun, weil ich ihn doch nicht bewege!« Das sind Anzeichen des lebenslang allzu schwach betätigten Körpergefühls, dem erinnerndes und schlußfolgerndes Denken zur Hilfe kommen soll. Aussagen, die auf ursprünglichem Körpergefühl beruhen, sind nie derartig nachgesprochen oder ausgedacht, sie sind immer originell. So äußerte ein 12jähriges Mädchen: »Oh, wo ich taste, da läuft ja ein Feuerchen mit!« – Ähnlich ursprünglich können sich auch Erwachsene äußern, sobald sie ihr Wissen und Denken vergessen und sich vom neuen Erleben überraschen lassen.

In der angedeuteten Weise erfragen wir die ganze Innenhand und gehen in zusammenhängenden Wegen weiter, ohne Gebiete zu überspringen. Wir versuchen nicht nur das Gefühl für die Oberhaut zu bekommen, sondern auch für das »Mantel«-Gewebe (Bindegewebe, Fett, Oberhaut). Nun erst vergleichen wir, noch immer mit geschlossenen Augen, die ertastete linke mit der anderen Hand. Selbst für die Unsicheren, die zunächst wenig oder nichts fühlen und aussagen konnten, ist der Unterschied jetzt deutlich: Warm und lebendig, gleichsam aufgelockert, ist die linke Hand geworden, »hölzern und steif« fühlt sich die rechte dagegen an. »Wie aus anderem Material gemacht«, sagt jemand. Eine Hausfrau äußert: »Die linke ist wie ein frisch aufgeschütteltes Federkissen, die rechte so hart wie eine Matratze«. Es findet jeder Vergleiche aus den eigenen Erfahrungsbereichen.

Sogar der linke Arm ist vom Hand-Ertasten mit ergriffen. Wir erfragen ihn heute nur in großen Zügen, um den Schülern anfangs nicht zu lange diese ungewohnte Bewußtseinsarbeit zuzumuten. – Auch der Arm ist warm belebt, er ist für unser Empfinden deutlicher »da«, und fühlt sich schmiegsamer und weicher an als der rechte. »Welcher Arm ist wohl besser schlafbereit?« frage ich. »Entschieden der ertastete linke«, ist die Antwort. Rechts in Hand und Arm, obgleich sie steifer und unlebendiger sind, ist meist noch die Unrast nicht abgeklungener Bewegungsimpulse zu spüren. Beginnen die Schüler ihre Eindrücke auszusagen, so zappeln und rucken unwillkürlich in gewohnter Weise bei vielen nicht nur die Füße und Beine, sondern vor allem rechter Arm mit Schulter und Hand, während der erspürte und von unserem Bewußtsein eingelebte Arm und die Hand, bei einigen schon der ganze Körper auf dieser Seite, vollkommen ungestört jetzt zur Ruhe gekommen sind.

Deutlich zeigt auch eine Entspannungsprobe den Unterschied: Auf der prüfenden Hand eines Kursschülers ruht der linke Arm in seinem natürlichen Eigengewicht, während der nicht ertastete rechte sich hebt, herabdrückt, dreht oder zuckt. Oder der rechte liegt auf der wägenden Hand mit jenem erschlafften plumpen Schwergewicht, das meistens zunächst für ein Kennzeichen des guten Entspanntseins angesehen wird.

Nehmen wir aber den Dehnvergleich vor, so zeigt die nicht ertastete Hand mit ihrem Arm nur jene ungeschickte, beunruhigende Art des »Sichreckens und Streckens«, wie wir sie weiter oben unter den Fehlspannungsbeispielen beschrieben – während Hand und Arm der erspürten und eingelebten Seite nun in ruhig fließender, organischer Bewegung eine wohltuende Dehnlänge erreichen. »Soviel länger ist ja dieser Arm geworden!« rufen die Übenden überrascht aus. – Auch die linke Rippenseite, bei vielen sogar der Rumpf bis zur Basis hinunter, wurde von der Dehnbereitschaft ergriffen, und die linke Gesichtshälfte fühlt sich deutlich gelöster an als die rechte. Es geht also von der sorgfältig und speziell ertasteten linken Innenhand gleichsam eine Kettenreaktion lösender Innenbewegung durch die Körperseite aus.

Nun aber schauen wir die Hände auch einmal an: die eingelebte linke ist wesentlich heller und leuchtender in der Farbe geworden. »Wie gewaschen sieht sie aus«, sagt einer. – »Als hätte sie eine innere Reinigung erfahren, eine Blutwäsche«, wundert sich ein anderer.

Die greifende oder massierende Hand fühlt das ertastete Gewebe weicher, samtiger, elastischer, das unertastete rechtsseitig härter und belasteter. – Mit der linken Hand gleiten wir jetzt über Decke oder Kleidung: deutlich und plastisch erfahren Finger und Hand die Struktur des Stoffes, während die rechte wie über glattes, uninteressantes Material hinstreicht. Interessant ist es auch, noch andere Berührungseindrücke der linken erspürten mit denen der rechten Hand zu vergleichen: z. B. die eigene Haut, das Haar, eine Hand des Partners, das Material der Wand, der Türklinke u. a. m.

Zu diesen Sensibilitäts- kommen noch unsere Kraftproben: z. B. sitzend stützen wir uns auf die linke Hand und heben das Becken vom Lager ab. Fest und ruhig nehmen Hand und Arm das Körpergewicht auf, während rechts »starr, unsicher und kraftlos« gestützt wird. – Bilden wir eine Faust, so schließt sich die linke mit elastischer Kraft, die andere dagegen plump und steif. »Wieviel sicherer, zugleich leichter und fester konnte ich mit der eingelebten Linken die Lenkstange fassen«, erzählte eine Schülerin von ihrem Nachhauseweg mit dem Moped nach dem Abendkurs. »Und bis heute« – das war einige Tage später – »hält der Unterschied an; ich spür's ebenso bei der Arbeit, wie in der Ruhe.« Ebenso zeigen sich die Unterschiede beim Gewichtanheben, Schieben, Ziehen und bei anderem mehr.

Deutlich sind auch die Unterschiede der Leistungskraft nach dem Fuß- und Bein-Erspüren. Natürlich müssen vor Beginn dieser Tastarbeit von vornherein bestehende Unterschiede der Glieder festgestellt werden, die z. B. durch Trauma oder andere Einwirkung entstanden sind. (In entzündeten Gebieten dürfen wir beim Tasten nicht verweilen.)

Im Bein ist bei ebenso gewonnener Ruhe, Entspannung und Durchwärmung der Einfluß auf die Statik offensichtlich. »Wie orthopädisch umgeformt« erscheint das ertastete Bein nicht nur dem Gefühl des Übenden – die Kursteilnehmer prüfen es gegenseitig: bessere Streckung und Ausrichtung der Gelenke beim Stehen, normalere Fußwölbung, klarere Hautfarbe ist sichtbar. Wird ein Bein vom Boden abgehoben, trägt das erfühlte mühelos das Körpergewicht, und die entsprechende Rumpfseite reagiert geschmeidiger und balanciert sich bei vielen Schülern unwillkürlich statisch richtiger über dem Standbein aus als die andere. Wir sehen, auch hier kann die Einwirkung über das ertastete Gebiet weit hinausgreifen. Und die Bewegung: »Wie anders fühlt und ergreift der Fuß den Boden beim Gehen!« – »Wie hat sich seine Wölbung erhöht, seine Höhlung vertieft!« – »Leicht schwingt das gelöste Bein – wie von selbst –«.

Wir nehmen ab und zu eine Gesamtkontrolle unserer Lösungsbereitschaft während des Einzeltastens vor und merken ebenfalls: »Ganz von selbst« ist der Atem weiter und gleichmäßiger geworden. Ein wohliges Gelöstsein hat den Innenzustand des Tastenden ergriffen. Ausgeruht, »wie nach einer Ferienzeit« oder »wie nach einem Tiefschlaf« fühlt er sich. Das denkende Gemüt ist gesammelt und gelassen, es betrachtet die Dinge aus einer stilleren Schau. – »Viel friedlicher bin ich geworden«, erzählte kürzlich eine 47jährige Patientin, die, mit zwanghaften Fehlspannungen belastet, mit heftig ausfahrenden Bewegungen und groteskem Stimmaufwand ihre Umgebung beunruhigt und die Ehe gefährdet hatte. »Es ist mir gar nicht mehr möglich, mich so zu erregen wie früher! Ich überstürzte mich auch immer bei der Arbeit und brauchte doch dabei soviel längere Zeit. Nie hätte ich gedacht, daß in der Ruhe alles viel schneller geht. Und« – fährt sie fort: »endlich schlafe ich wieder! Ich war ratlos und verzweifelt in mehr als einem Jahr schwerer Schlaflosigkeit!«

Dem Spürenden bleibt Unwillkürliches nicht unbewußt, und keiner, der es nicht selbst ausprobierte, kann ahnen, welche innere Freiheit und Ruhe dieses Abstandnehmen von sich selbst gewährt. So paradox es klingt: Es ist ein Abstandgewinnen im vollen Bei-sich-selber-Sein.

Wie die im I. Teil beschriebenen Übungsbeispiele, führen wir auch die spezielle Tastübung zuerst einseitig und vergleichend, dann – wenn auch nicht immer in derselben Lehrgangsstunde – mit der anderen Seite durch.

Unser »Gewebetasten« im Unterschied zum Raumerfühlen, ist ein wichtiger Bestandteil zur Klärung der Tast-Arbeit. Wenn wir z. B. in Rückenlage die Unterseite unseres

Beines vom Fuß hinauf zum Kreuz-Lenden-Gebiet erfragen – oder auch den Weg umgekehrt von oben nach unten gehen –, müssen wir zuerst feststellen, ob wir durch die Bodenberührung diesen Boden oder wirklich das Mantelgewebe des Beines und des unteren Rückens empfinden. Wir lernen auch unterscheiden, ob wir eine Vorstellung dieser Gebilde haben oder ob wir sie wirklich fühlen, und in welcher Weise wir sie empfinden können. Hier hilft uns kein willentliches und zielgerichtetes Vorgehen, – wir müssen das Empfinden kommen lassen, abwarten, müssen uns von ihm überraschen lassen. Hier ist also keinerlei Einmischung durch Vorstellung und Absicht möglich, wie das erfahrungsgemäß so leicht beim Wahrnehmen des Atemvorganges geschieht. Die ganze Körperhülle holen wir allmählich in unser fühlendes Bewußtsein. Die Reaktionen erleben wir später überaus rasch, ja schon im Moment des spürsamen Erfragens. – Auf einige Beispiele erster Tastproben ging ich ausführlicher ein, weil sie den Unterschied zwischen suggestiver und tastender Arbeitsweise deutlich machen, und weil sie unsere Weiterarbeit, die zum heute so viel erfragten Yoga oder zur Meditation führen kann, verständlich werden lassen.

Wir sehen: Absichtslos, unerwartet und überraschend kommen uns die Eindrücke und Erlebnisse. Lediglich durch ein spürsames Bewußtwerden einfacher Vorgänge in der Peripherie unseres Organismus gehen Veränderungen im Sinne ausgleichender Durchströmung, Tonisierung und Gestaltveränderung vor sich. Körper- und Gemütszustände des Menschen verwandeln sich. Der Geist ist auf Eines gerichtet und ist in sich gesammelt.

Unser denkendes und wollendes Verhalten, ob bewußt oder unbewußt orientiert, hemmt und stört nur zu oft organische Abläufe. Jenes wach kontrollierende Bewußtsein dagegen, das fühlsam wahrnehmend und empfangend eingestimmt ist, fördert die Harmonie im Zusammenspiel der Funktionen. Hier zeigt bei unserem Tasten der Vorgang des Empfindens die empfangende, der des Einlebens die aktive Seite dieser schöpferischen Bewußtseinsarbeit.

Offenbar wird über die beim Tasten angesprochene Empfindungsregion der Bereich des autonomen Systems berührt. Und was keine Willenskraft und kein noch so scharfer Intellekt vermag, das geschieht in stiller Sammlung spürsamen Bewußtseins ganz von selbst: Zwischen unserem vegetativen Dasein mit dem unbewußten Gemüts- und Körperleben und unserer bewußten Denk- und Willenssphäre schließt sich die Kluft. Ein Lebensstrom zu diesem Vakuum, das besonders in der abendländischen Kultur- und Bewußtseinsentwicklung entstanden ist, wurde gefunden. – Neu und ungewohnt ist uns, daß bei dieser gleichsam passiv-aktiven Tätigkeit des Tastens das wahrnehmende Empfinden die Führung übernimmt, während das Denken als registrierender Faktor an die zweite Stelle kommt. So aber fügen sich erst die bisher entgegengesetzten Elemente: Lebendigkeit und Ruhe, Feinfühligkeit und Energie, Leistungskraft und innere Beschaulichkeit – zur selbstverständlichen Einheit eines organischen Normalzustandes zusammen.

Es leuchtet ein, daß das Lösen krankhafter Tonuszustände durch die im 1. Teil der hier vorliegenden Arbeit angedeuteten Übungs- und Behandlungsweisen wesentlich schneller und leichter zu erreichen ist, sobald der Patient die feinere Tastfähigkeit gewann.

Freilich findet nicht jeder in gleicher Weise rasch und intensiv Zugang zu dieser Feinarbeit. Von Bildungsgrad und Alter ist sie nicht abhängig. Interesse und die innerste Einstimmung des Schülers oder Patienten zur Wahrhaftigkeit – denn wie mancher möchte sich seine Selbsttäuschung erhalten – zeigen jeweils an, wie weit wir mit einem jeden gehen können. Mit körper-seelischen Krisen, über die hinwegzuhelfen ist, muß gerechnet werden.

Einlebendes Tasten läßt sich auf mannigfache Weise ausprobieren, variieren und erweitern. Später finden die Schüler, die so weit mitgingen, günstig und rasch reagierende Tastleitwege.

Dazu besonders wichtig, vor allem für das Finden einer einheitlichen Vollatmung, ist das »Räumetasten«. Wie beim Erspüren der Körperhülle, stellen wir auch beim Erfragen der Innenräume nur fest, was wir wirklich fühlen und projizieren keine Vorstellungen hinein. Von den inneren Organen melden sich dabei nur schmerzende und kranke. Solche Meldungen werden nicht wegsuggeriert. Nervöse oder Reflexschmerzen aber verschwinden während des Einlebens von selbst. Von einer wirklichen Erkrankung bleibt nur ein örtliches Organgefühl zurück, z. B. in Bronchien, Galle oder Ohren. Der Schmerz lokalisiert sich in einem solchen Fall und bleibt als natürliches Warn- und Wegezeichen so lange, bis die Krankheit ausgeheilt ist. – Beim Ertasten der peripheren Körpergebiete ist es begreiflicherweise ratsam, entzündete Teile nicht im lokalen Verweilen zu erspüren, sondern hindurchströmend in großen Zügen vorzugehen.

Da nun beim Erfragen der Rumpfräume sich nur kranke Gebiete bemerkbar machen würden, sind wir einverstanden, gleichsam nur »leere« Räume vorzufinden. Von der fühlbaren Hülle z. B. des unteren Rumpfes ausgehend, durchwandern wir langsam dessen Dimensionen in Tiefe, Breite, Höhe und den Umfang der Innenwand des Basisraumes. In dieser Region befreit sich der Atem bei vielen überhaupt erst bei diesem Raumerlebnis. Die Nasenrachenregion des Kopfraumes ist uns schon bei früheren Spürversuchen bewußt und ihre Kontrolle zugleich mit der Basisatmung selbstverständlich geworden.

Nun erst ertasten wir den Innenraum vor und neben der Wirbelsäule, vom Steiß- und Kreuzgebiet ausgehend bis hinauf zu Halswirbeln und Haupt in mehreren Sitzungen und mit verschiedener Vergleichsarbeit in Lagerungs- und Bewegungsproben. Das spezielle zentrale Ertasten der Wirbelgegend wirkt sich günstig nicht nur auf die Wirbelsäule selbst aus, sondern auf die atembewegten Rumpfgebiete, wie auch weitergreifend auf Haupt und Glieder. Auch hier arbeitet die Natur nach der ihr eigenen ordnenden Lenkungsweise, und von selbst bekommen wir ein ruhiges Herz, warme Glieder und einen freien Kopf.

Sind Hülle und Raum des Ganzen einheitlich für unser empfindendes Bewußtsein da, so nehmen wir auch die einfache, unzerstückte Vollatmung ganz selbstverständlich wahr, wie sie vom Becken bis zum Kopf, rundum den Raum erfüllt und wieder verläßt. Der physiologische Vorgang widerspricht nicht diesem Eindruck, wenn auch nicht, wie es dem Gefühl erscheinen möchte, die Lungenluft es ist, die Basisraum und Haupt erfüllt.

Mehr und mehr wird den Schülern deutlich, wie sie bis jetzt in der Hülle ihres eigenen Körpergewebes mit seinen Fehlimpulsen und Fehlspannungen gleichsam in einem psychosomatischen Korsett steckten. Das neue Freiheitsgefühl ist tief beglückend. Ein Beispiel dafür, wie organische Körperbewegung vom Basis-Atem her – wie von selbst – sich auszulösen vermag: Der beim ersten Tastversuch geschilderte 62jährige Patient war trotz des mangelhaften Körperempfindens, das er mitbrachte, interessiert und hatte rasch ein natürliches Spürvermögen entwickelt. Nach dem Basisraum-Ertasten probierte er und setzte sich aus dem Kniestand auf beide Fersen. Der schwerfällige, in einem Sitzberuf steckende Mensch mit seinem dicken, nach längerer Krankheit versteiften Körper, hatte nicht einmal in der Jugend eine ähnliche Anforderung gestellt bekommen, sich vom Fersensitz aus neben ein Bein zu setzen und dann auf die Seite des anderen Beines hinüberzuwechseln. Indem er die Schwierigkeit der Aufgabe gar nicht bedachte, sondern sein Empfinden vollkommen im Basis-Atemraum gesammelt hatte – Gesichtsausdruck lauschend und still, Arme zum Gleichgewichthalten leicht erhoben – kam er wie getragen von einer Seite zur anderen. Die Bewegung war so erstaunlich sicher, edel und schön anzusehen, nachdem gerade dieser Mann sich vor kurzem noch durch Plumpheit, Ungeschick und unsicheres Fragen besonders ausgezeichnet hatte: »Ist der Atem so richtig?« – »Wie soll die Bein-Bewegung denn gemacht werden?« – Selbstvergessen, und eben darum ganz bei sich selbst, war die ungewohnte Bewegung des schweren Körpers mit Leichtigkeit gelungen. Diesem Mann ging eine neue Welt auf, die Welt seines eigenen, atem- und kraftgetragenen Organismus.

Sobald der Atem konstruiert und die Bewegung »gemacht« wird, fällt sie unter Fehlimpulsen und Fehlspannungen ungeschickt, zumindest aber – bei aller oftmals aufgewandten Kunst – unecht und unorganisch aus. »Unorganisch«: das Wort verrät, daß die Organe nicht einmütig ineinander spielend sich betätigen, daß der Kampf zwischen den unbewußten und den Denk- und Willensfunktionen fortbesteht. Leicht aber folgen, wie wir sahen, auch nur relativ normale Körpergewebe dem Bewegungsimpuls, wenn sie wieder eingelebt sind – wenn wir sie »bewohnen«, wie wir gerne sagen – das heißt, wenn unser natürliches Körperempfinden ihnen nicht mehr entzogen ist. Dieses bleibt wach und wird täglich wirksamer, wenn wir zunächst abends und morgens, möglichst auch in Warte- und Ruhezeiten, tastend ein wenig üben und uns im täglichen Leben ernstlich kontrollieren. Bald aber schafft das spürsame Verhalten eine neue Gewohnheit, sie wird zu unserer wiederum unwillkürlichen, absichtslosen und unbewußten Natur. »Es« arbeitet selbstschöpferisch weiter, darauf können wir uns verlassen. Und die Auswirkung, nicht nur auf uns selbst, auch auf die Arbeit, Umgebung, auf das ganze innere und äußere Leben ist offensichtlich. Die Umstimmung aus spekulativem Denken, Meinen und Fürwahrhalten zu ursprünglichem Wahrnehmen, fühldenkendem Vergleichen und Beurteilen erzieht zu grundsätzlich anderen Beziehungen sich selbst und der Umwelt gegenüber. Einfühlungsvermögen und Verständnis für andere wachsen mehr und mehr in uns.

Wie organisches Atmen und Bewegen, so lassen normales Ruhen und Schlafen sich nicht zwingen, wohl aber auslösen. »Dreimal gut gedehnt ist so gut wie eine Stunde Schlaf«, heißt es im Volke. Wenn dem Tastenden im spürsam dehnenden Langwerden Atemweite und Wärmegefühl kommen und der gelöste Körper wohlig ausgebreitet aufs Lager sinken kann, dann beruhigt sich das Herz, die Gedanken vereinfachen sich, und das Gemüt wird still. Das Weben und Wirken der ordnenden Kräfte im sinnvoll arbeitenden Organismus zu erspüren, ist immer von neuem ein andächtiges Erlebnis. Es löst Bewunderung, Dank und ein tiefes Vertrauen in die sinnvolle Führung unseres Lebens aus. Nach prüfender Gewissenskontrolle geben wir den gelösten Körper dem Lager, die ruhig fließenden Kräfte der planvollen Lenkung, Sorgen und Gedanken dem Großen Einen hin. Ganz »bei uns selbst«, fühlen wir uns nun geborgen. Wer sich selber findet, der findet Gott. Auch bei uns bestätigt sich diese alte Weisheit. Leicht können wir durch unser Ertasten des Körpers und der Seele in Meditation, Gebet, ja in den tiefen Zustand der Kontemplation übergleiten.

Ein 25jähriges Mädchen, junge Kollegin, litt an Einschlafangst. Kindheitserinnerungen, Russenverfolgungen und ähnliche Nöte konnte sie nicht vergessen. Dazu ließen sie philosophische Grübeleien und religiöse Zweifel nicht zur Ruhe kommen. Eine Suggestivmethode, durch längere Zeit im Sanatorium geübt, hatte nicht geholfen. Die Patientin hielt sich erst durch langes Lesen, dann bei grübelnden Gedanken so lange wie möglich wach und schlief gegen Morgen erst ein. »Die Angst, das Bewußtsein zu verlieren, steigt immer von unten herauf,« sagte sie. – Das Basisraum-Empfinden verhinderte nun das Heraufsteigen des Angstatems, dessen körperliches Bild der halswärts gezogene Brustatem ist. Und das spürsame Gewahrwerden des Organismus, wie er sinnvoll sich betätigt in Ruhe und Entspanntheit, löste den dankbaren, gedankenstillen Zustand des Geborgenseins in ihr aus. Das Wachbewußtsein aufzugeben, war nun nicht mehr unheimlich. Nach einigen Übungsstunden schon schlief sie prächtig. Späterhin, wenn sie nach der Arbeit übermüdet und unruhig noch manchmal des Nachts erwachte, gelang es ihr, sich wieder in den Schlaf zu tasten, bis sie dann durchschlief wie in der ersten Kinderzeit. – Während nächtlicher Tastexperimente hatte sie beobachtet, daß sie wacher wurde beim Erspüren der oberen Körperhälfte mit Brustraum und Kopf, schläfrig dagegen beim Wahrnehmen des Basisraumes, der Beine und der Füße. Mit dieser Beobachtung entdeckte die Patientin die Fähigkeit, den Kreislauf des Blutes und der Kräfte zu regulieren. Die Lösung, im peripheren Körperempfinden vorwiegend muskulär erlebt, wird im inneren Tasten als ein Ordnen des Kreislaufs, der Säfte und Kräfte wahrgenommen.

Daß die Tastwirkung sich auf Nachbargebiete der erspürten Körperteile erstreckt, wurde in einigen Beispielen weiter oben beschrieben. Der offenbar reflektorische Vorgang wird durch die plastische Darstellung eines 12jährigen Mädchens besser deutlich als durch jede Theorie. Wir waren erst beim

Zeigefinger-Erfragen, als das Kind ausrief: »Da kommt es ja ganz warm heruntergelaufen – von da oben« – es zeigte auf seine Schulter – »wie eine warme Wasserleitung. – Aber das kann doch kein Wasser sein«, setzte es fragend hinzu, »ist das wohl Blut?«

Durch Vergleichen der verschiedenen Auswirkungen beim Wahrnehmen der Ströme ergibt es sich nun von selbst, daß die Schüler die Strömungsverhältnisse beeinflussen lernen. Und ist für ihr Bewußtsein erst Lösen, Atmen, Strömen ein untrennbares Geschehen und Erleben geworden, so finden sie bald heraus, wie beim Aus- und Einatmen das Empfinden von Wärme und Kühle abwechselnd in den Gliedern fühlbar wird. – Diese Erscheinung ist physiologisch vermutlich mit der Tatsache zu erklären, daß der venöse Kreislauf durch das Ein-, der arterielle durch das Ausatmen unterstützt wird. Während dieser Wahrnehmung läßt sich auch zwanglos die Atemstille erfahren, die nach dem Einatmen einen anderen Charakter hat als die nach dem Ausatmen.

Ein 40jähriger Patient war, wie er sagte, beim Autosteuern oftmals gefährdet, weil er nicht schnell genug reagieren konnte und immer etwas ängstlich war. Nach einer seiner ersten speziellen Tastübungen, die allerdings in einer bestimmten atembefreienden Lagerung vorgenommen wurde, hatte er auf dem Nachhauseweg in einer Gefahrensituation äußerst rasch und spielend mehreren Fahrzeugen im Zickzack ausweichen können. »Ich war diesmal vollkommen ruhig«, berichtete er, »vollkommen geistesgegenwärtig. Ich hatte das beim Autofahren noch nie erlebt. Aber wie es eigentlich zuging, wieso ich derart leicht reagieren konnte, das weiß ich selber nicht. Es ging alles so schnell und selbstverständlich, es ging ganz von selbst!«

Im tief gesammelten, ganz »gegenwärtigen«, im ungeteilten Bewußtseinszustand, worin der Patient sich nach dem

Tasten und während der Gefahrenmomente befand, schwingt das Pendel, das oftmals mächtige Ausschläge zwischen Anspannung und Entspannung zeigt, aufs leiseste um die ruhende Mitte. In starker Entfernung voneinander heißen diese beiden polaren Zustände »Verspannung und Erschlaffung«. Alle Grade der Annäherung zur ungeteilten Mitte hin sind möglich und sind bei unseren Patienten wie bei uns selbst sehr wohl zu beobachten. In jener Mitte scheint die Polarität beider Spannungszustände aufgehoben zu sein und einem dritten Zustand, eben jenem Gelöst- und Bei-sich-selber-Sein Raum zu geben. Auch die Polarität zwischen Ein- und Ausatmen ist dann aufgehoben: Der Atem wird still, es tritt jener absichtslos lauschende Zustand ein, jenes Bewußtsein, das wir während unserer Wahrnehmungen oft genug erfahren konnten.

Ebenso absichtslos und selbstvergessen, ohne Aufwand einer Muskelanstrengung, von Atem und Kraft in einer neuen, unbekannten Weise getragen, bewegte sich der weiter oben beschriebene 62jährige Patient. Auch er wußte nicht, »wie es eigentlich zuging«. So selbstverständlich spielend lief die »normalerweise« schwierige Bewegung ab, daß er erstaunt über mein Erstaunen und meine Freude war. – Die nächsten Versuche gelangen ihm nicht wieder einwandfrei. Mühsamer erhob er sich, beim Niedersetzen plumpste er, den Atem suchte er der Bewegung entsprechend »einzurichten«. Erst als er den Zustand tiefer Sammlung und Selbstvergessenheit im Basis- und Kopfraum-Erspüren wieder gewonnen hatte, war die Bewegung in ihrer Vollkommenheit wieder da. Und wiederum wußte er nicht, wie das geschah. Ebenso kam dem Autofahrer nichts anderes zum Bewußtsein, als die tiefe Ruhe und Gelassenheit, in der er sich befand. Von selbst, vom tiefsten Selbst her, wurden die notwendigen Bewegungsfolgen, die ja kein Mensch in ihrem

Zusammenspiel überschauen kann, in der einzig rechten Weise ausgelöst.

Im Prinzip die gleiche Erfahrung machten wir schon während der allerersten Tastproben mit den einzelnen Gliedern und ihren Bewegungsvergleichen. Überkommt uns dieses Erleben aber im praktischen Alltag, so wird uns noch deutlicher als während des Übens und Experimentierens das östliche Wort vom »Nichthandeln im Handeln« begreiflich oder das andere vom »Wirken in Losgelöstheit«. Wir werden inne, daß es Gott selbst ist, der im raumlosen Raum unserer Mitte lebt, und daß, wie Paulus es wußte, »nicht ich, sondern Christus wirkt in mir«.

Freilich, auch wenn sie schon dieses Bewegtseins inne wurden, erleben die Schüler Rückfälle in gewisse »Fehlspannungen«. Es werden auch unsere Ansprüche größer, und schon geringe Entgleisungen schmerzen. Nicht umsonst unterstehen wir alle dem Gesetz des Wechsels und geraten nur allzu leicht aus unserem Gleichgewicht. Aber wer geistig durchhält, findet doch, daß er allmählich öfter und stärker sich der ruhenden, ungeteilten Mitte nähert, ja in ihr aufzugehen vermag. –

Es können jetzt die wacher gewordenen inneren Sinne außer der Blut- und Atembewegung auch feinere Nerven- und Kraftschwingungen wahrnehmen. Zum Beispiel unterscheiden viele Schüler schon bald die lichter und dunkler erscheinenden Glieder, Räume und Strömungen ihres Körpers. Sie beginnen etwas von der feinstofflichen Substanz des Kräfteorganismus wahrzunehmen, und bis zum Erlebnis des geistigen Atmens und des Lichtkreisens ist es bei manchen, denen es beschieden ist, nicht mehr weit. Das »geistige Atmen« ist unsere innere Atemnatur. Wir erfahren sie schon bei den »viererlei Gnaden des Atems«, wie ich sie gerne nenne, im Vergleich zu Goethes »zweierlei Gnaden« im

»Atemholen«, wobei er aber, nebenbei bemerkt, anschaulich eine Fehlatmung beschreibt. Im natürlichen Gelöstsein erfahren wir das Langwerden des Atems mit einer inneren Helle im Ein und einer dunkleren Strömung im Aus; zwischen beiden aber erleben wir eine natürliche Atempause als eine feine Atemstille in einer inneren Andacht. Und nach dem Ausatmen haben wir die allgemein bekannte Atemruhe, ehe der zarte Sog der Einatmung wieder beginnt. Dieses sind aber die vier Gnaden des Atems, wie ich sie nenne. Es ist der tiefste Gegensatz zum Kunstatem, bei dem der Atmungsvorgang der menschlichen Willensakrobatik ausgeliefert wird: die Atem-»Übung«, die bei festgehaltenen Fehlspannungen ein gefährliches Verlängern und bedrängendes Anhalten, womöglich unter ehrgeizigen Zählexperimenten, erzwingt.

Als an ein Beispiel geistigen Atmens erinnere ich an Meister Awas Wort in Herrigels Erfahrungsbuch »Zen in der Kunst des Bogenschießens«: »Das Einatmen bindet und verbindet, im Festhalten des Atems geschieht alles Rechte, und das Ausatmen löst und vollendet, indem es alle Beschränkung überwindet.« Hier sei erklärt, daß Meister Awas Wort vom »Festhalten« nicht im verkrampften Sinn zu verstehen ist, sondern eine feinste Art der Atemstille meint, während der das eingeatmete Fluid sich weiterhin auswirkt. – Es ist gut, in den späteren Tastübungsstufen mit Awas Wort atmend zu meditieren. – Die vierte der Gnaden hat der japanische Meister bei dieser Gelegenheit nicht genannt: Es ist die Stille nach dem Aus, das vollkommene Schweigen, dem wir uns in tiefer Ruhe hinzugeben vermögen.

Das Beispiel eines innigen Atem-Mantras haben wir in den »Erzählungen eines russischen Pilgers«, worin das »Herzensgebet« der christlichen Ostkirche beschrieben ist. Ein jeder von uns wird sich solche Atem-Mantras auf andere Weise nach eigenem Verlangen herausformen können.

In solchem Innewerden ist das Ineinanderweben und die Verschmelzung seelischer und geistiger Wahrnehmungen zu erfahren. Schweigend finden wir das lichte Reich des eigenen Innern, das wir als das gleiche in allen Wesen erkennen. – Nun aber begreifen wir Yoga auf eine ganz natürliche Weise; ja wir sehen jetzt, daß wir auf dem Weg dahin uns vom Anfang unserer Arbeit an befanden.

Yoga bedeutet Selbsterziehung mit Hilfe von Bewußtseinserweiterung und mit dem Ziel, das kleine Licht des menschlichen Geistes mit dem großen Urlicht des göttlichen Geistes zu vereinigen. Es ist ein Weg des fühldenkenden, forschenden, unterscheidenden, allmählich immer helleren Bewußtwerdens, das sich am praktisch Erfahrbaren orientiert und von der Kontrolle des eigenen Körper-, Atem-, Gefühls- und Gedankenlebens ausgeht.

Der Sinn solcher organgemäßen, lebensnahen Einstellung, die echtes Yogatum kennzeichnet, sollte aber nicht in westlicher Umformung zu Übungsweisen mit Hilfe hypnotischer oder Trancezustände degradiert werden, wie z. B. auch mit dem oftmals vorgeschlagenen »Starren auf einen Punkt«. Ebenso leer, ohne wahre Lebens- und Wirkungskraft sind die konzentrativen, abstrakten Denkabläufe als Ersatz für die Haupt und Herz erfassende meditative Sammlung. Dazu kommt das Umgestalten der guten, Atem, Ruhe und feinstes Strömungsbewußtsein auslösenden Ausharrungspositionen des Yoga in rein technisch trainierte Kunststücke. Solches Vorgehen kann die Spaltung unserer Funktionen nur noch verstärken. Ahnungslos kann besonders mit der Dynamik falsch verstandener Atmung die Zerklüftung des Bewußtseins über die Selbsttäuschung bis zum Irrsinn gesteigert werden. – Einseitig schon von der Schulzeit an wird die Konzentration auf fernliegende Gegenstände geübt. So lernt der Mensch immer weiter von sich selber weg zu leben. Daß wir durch uns hindurchgehen müssen, in voller Natürlichkeit, um über uns selbst hinauswachsen zu können, das sollte nicht nur psychologisch eingesehen, sondern in der Ganzheit unseres Wesens verwirklicht werden. Und »Geistiges« sollte endlich für uns aus dem Bann des Abstraktdenkens erlöst und zum umfänglichen, menschlichen Erlebnis werden.

In wachsender Vertiefung unseres Wesens bekommen wir allmählich Einblick in unter- und überbewußte Vorgänge, und der Schlaf erhält die ihm gemäße Stelle. Das innere Gesammeltsein kommt der Qualität des Schlafes zugute. Wir erfahren ihn als eine Form unseres in verschiedenen Stufen und Graden veränderbaren Bewußtseins. Unser still gewordenes Wachbewußtsein können wir als einen so tiefen Ruhezustand erleben, daß er in der Wirkung dem Tiefschlaf gleicht, ja ihm überlegen ist.

Wenn wache Nachtstunden als fruchtbar erlebt werden, verlischt die Sorge um das Nichtschlafenkönnen. Es ist die Angst, die den Patienten beunruhigt, nicht die Schlaflosigkeit. »Wie nach einem Tiefschlaf« sind wir ausgeglichen und erfrischt nach meditativer Tastarbeit. Was im Tiefschlaf unbewußt vor sich geht – das Durchströmen und Lösen, das Abbauen und Wiederherstellen im Zellenstaat, das Ordnen und Befreien des Gemüts-, das Stillewerden des Gedankenlebens, das Ineinanderschwingen der Sphären, die als die unter- und überbewußten Regionen bezeichnet werden – all dessen kann der Meditierende besonders gut in wachen Nächten innewerden. – Auch wird ihm das Traumleben nun sinnvoll. Je klarer jedoch sein Wachbewußtsein arbeitet, desto seltener werden die Träume und desto vollständiger stellt sich der Normaltonus in der Ruhe her.

Im Erschöpfungs- und Erschlaffungszustand dagegen fällt der Schlafende in einen Untertonus, aus dem er schwer wieder herauskommt. Sein Atem geht geräuschvoll, unter gelegentlichem Rhythmuswechsel, und »wie zerschlagen« erwacht er am Morgen, ebenso wie der unter unruhigem Lagewechsel im übertonisierten Zustand Schlafende.

Wird dagegen das spürsame Einleben geübt, so stellt sich nach dem Kleinwerden der Atmung vor dem Einschlafen ein langes, gleichmäßiges Atmen im Tiefschlaf ein. Jenes Kleinwerden der Atmung wirkt, da es den Kohlensäuregehalt verstärkt, ähnlich wie Baldrian als ein natürliches Einschlafmittel. Danach aber setzt dieser lange, neuen Sauerstoff bringende Atmungsvorgang ein, wie er charakteristisch für den guten Tiefschlaf ist. Auch hier erleben wir wieder die weise, lenkende und fürsorgende Art, die unserem Organgeist eigen ist, und ebenso ungestört vollzieht sich im Schlafe die Regenerationsarbeit unserer immer bewegten Zellen. – Der Orientale sagt, und wir wissen es nun auch: »Je feiner der Atem geht, desto feiner arbeitet das Herz« (aus Richard Wilhelm, »Das Geheimnis der Goldenen Blüte«). Dieses Wort gilt für den Tag wie für die Nacht, fürs Wachen wie fürs Schlafen.

Am Morgen, früh und gründlich genug ausgeruht, haben wir, so lange alles noch schläft, die fruchtbarste Zeit für unsere meditative Stille. Denn das Gleichmaß des Schlaf- und Ruheatems ist zunächst auch das der inneren Sammlung. Im späteren Verlauf erfahren wir auch hierbei Abwandlungen. Je feiner und stärker aber die Meditation sich gestaltet, desto mehr weitet sich unser Atem ganz von selbst und desto mehr nähern wir uns jener Mitte, da in hoher Versenkung der Atem klein wird und für eine Zeit stillesteht. – »Meditation«, sagt der indische Meister Yogananda, der mehr als die Hälfte seines Lebens im Abendland arbeitete, – »Meditation ist das fehlende Glied zwischen Religion und Verwirklichung, Mensch und Gott, Seele und Geist«.

Bleiben wir bei unserer sachte sich vertiefenden Löse-, Atem- und Tastarbeit, und lassen wir nicht nach, auch wenn sie nicht sofort aufs beste gelingt, so bekommen die Lebensprobleme – Umwelt und Mitmensch, Leben und Sterben, Erkrankung und Leiden, Besitz und Verlust – ein neues Gesicht. Sie werden zu Lehren, zu Übungen, zu Taststrecken in unserem Lebenslauf, die helfen, Einsicht und tiefere Lebensbereitschaft zu gewinnen. Verständnis, Liebefähigkeit, Fürsorge, Intuition und Inspiration entwickeln sich. – Heute wird die virtuos gewordene Kunst des Denkens, gekoppelt an organische Disfunktionen, an Kunstatem und Bewegungsmache, allzu häufig benutzt, um Selbsttäuschung und Lüge zu verschleiern und als Wahrheit auszugeben. Die Keime generationenlang mißleiteter Gefühle und Gedanken sind es, die heute als katastrophale Taten erscheinen und die Menschen immer unentrinnbarer in selbstgeschaffene Abgründe treiben. Verzweifelnd in ihrer Gespaltenheit suchen viele nach Wegen zu einem erfüllteren und wahrhaftigeren Menschentum. Viele Fährten sind es, die immer schmaler und einander ähnlicher werden, je näher sie zu einem Gipfel führen. Ein Wegebahner zu ihnen ist die stille Arbeit unserer Lösungs- und Atemtherapie.